T5-BPZ-700

Jodelle et la Création du Masque

Etude structurale et normative de *L'Eugène*

par

Tilde Sankovitch

French Literature Publications Company
York, South Carolina
1979

842
J63e-xs

Copyright 1979
French Literature Publications Company

Library of Congress Catalog Card Number 78-1103

ISBN   0-917786-11-4

Printed in the United States of America

82.6839

VOID

Library of
Davidson College

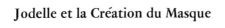

Jodelle et la Création du Masque

A Mon Père

et à la mémoire de

ma Mère

Qu'il me soit permis d'exprimer ma reconnaissance profonde à M. Norman B. Spector. Son encouragement constant et ses conseils précieux ont rendu la rédaction de ce travail possible. Ma sincère gratitude s'adresse également à MM. Robert E. Lerner, William D. Paden Jr., William T. Starr et Eugène Vinaver, qui m'ont aidée de leurs suggestions bienveillantes et utiles.

TABLE DES MATIERES

Abréviations.

INTRODUCTION

«Et nous, nous marchons incogneus,
Fardes, masquez. . .»
                                    Jodelle

«. . .nostre visage
Se masque de ce bien a qui nostre
coeur nuit.»
                                    Jodelle

«. . .des bestes
D'un visage humain emmasquees. . .»
                                    Jodelle

Le théâtre comique de la Renaissance française a fait l'objet de plusieurs études, celles notamment d'Emile Chasles,[1] de Pietro Toldo,[2] d'Eugène Lintilhac,[3] de Barbara Bowen,[4] de Brian Jeffery,[5] de Shirley Ann Pope[6] et de Raymond Lebègue.[7]

Tous ces ouvrages renseignent sur les antécédents et les sources de ce théâtre, le rattachant soit à la farce, soit à la comédie grecque et latine, soit à la commedia erudita ou à la commedia dell 'arte. Il y est surtout question de la structure externe des pièces (division en actes et scènes), du «pedigree» des personnages (dont on retrace les «types» à travers l'histoire du théâtre), de leurs particularités linguistiques, de la mise en scène, des circonstances dans lesquelles elles ont été représentées, et enfin des acteurs eux-mêmes et des troupes dont ils faisaient partie. Les comédies de la Renaissance ont donc été considérées comme des étapes dans l'évolution du genre comique et non comme des textes autonomes, conçus et composés chacun à partir d'un principe qui lui est propre, munis d'une ambiance, d'une structure et d'un système normatif particuliers.

L'Eugène d'Etienne Jodelle, première comédie française originale, a inauguré le renouvellement inspiré par la doctrine de la Pléiade. Selon le Prologue, elle fut écrite dans le dessein de créer du nouveau, de faire oeuvre d'innovateur. Or, dans la plupart des ouvrages consacrés à cette pièce,[8] elle est considérée comme appartenant encore, sous une façade nouvelle, au genre des farces. La description de sa nature exacte reste vague et hésitante. Pour en définir la nouveauté la critique ne tient compte que de quelques éléments de l'oeuvre, laissant de côté des aspects importants qui risquent d'en compliquer l' analyse.

La véritable nouveauté de la pièce réside dans la conception que Jodelle se fait de l'être humain comme d'une créature changeante et complexe qui refuse sa complexité, trop lourde à assumer, et qui se construit une simplicité artificielle par des moyens artificiels. L'homme, tel que le présente Jodelle, est un personnage qui se compose, sciemment, à l'aide de masques. . Ainsi il peut offrir aux autres et à soi-même une façade soigneusement choisie, acceptable, derrière laquelle se cachent les bassesses, les duplicités, et les aspirations, généralement immondes, de sa vraie nature. Alors que le personnage de la farce espère tromper les autres par sa dissimulation et ses mensonges, ce nouveau personnage vise d'abord à se donner le change à soi-même. Ebloui, d'une part, par les concepts du comme-il-faut, de l'honneur, ou même du sublime, tenaillé, d' autre part, par le souci de ses intérêts et de ses appétits, ce «nouvel homme» se voit acculé à exécuter des tours de passe-passe psychologique pendant lesquels il s'accroche avec ténacité à son masque. Il y a donc deux impulsions fondamentales à la base de cette pièce: la misanthropie profonde de Jodelle, et le concept de l'homme masqué. Les deux constituent des *leitmotiv* dans la vie et l'oeuvre de Jodelle.

Il ne s'agit pas ici de récapituler cette existence tourmentée, cette nature inquiète et ombrageuse,[9] ni de citer tous les cris d'amertume, de haine et d'abomination qu' à travers toute son oeuvre il adresse au genre et au sort humains. Il suffit, pour s'en rendre compte, de lire, par exemple, son *Recueil des Inscriptions,*[10] écrit bizarre, où l'orgueil se mêle à la servilité, la haine de soi à la pitié de soi, le complexe de persécution à l'humour, l'enthousiasme au cynisme, et où domine un sentiment accablant de frustration et de dépit. Il gémit, à plusieurs reprises, sur son «desastre acoustume,»[11] et il se décrit comme «vivant presque en ce monde tout tel qu'un Tantale aux enfers.»[12] Il est obsédé par l'omniprésence des envieux et de l'envie, ce vice qui est pour lui la tare principale de l'homme. Dans son poème «Sur le Monophile d'Etienne Pasquier»[13] il parle de «l'escumeuse envie» qui ronge les hommes:

> «Ils appastent de leur mouelle
> L'envie qui dedans se paist,
> L'envie qui sans fin leur est
> Et leur amie et leur bourrelle.»[14]

Enéa Balmas s'étonne de «l'intonation extrêmement amère de cette pièce»[15] écrite en 1553, puisque Jodelle semble avoir joui, à ce moment-là, du plein éclat de ses premiers succès. Mais déjà le monstre de l'envie le hante. Il la voit comme une colère existentielle qui rage contre toute apparence de bonheur et de paix, une insatisfaction fondamentale qui crée autour d'elle la destruction et le vide, une âpre fureur qui ne supporte rien ni personne, et qui est exacerbée par le fait qu'elle se cache, le plus souvent, derrière un masque. Car le mal se masque de son contraire, et le bien même n'est donc que le masque du mal. Mais le déguisement abuse autant celui qui le porte que celui qui l'observe, ou davantage. . . . car le masque glisse, l' artifice s' effondre, et devant l'observateur averti se défait le personnage illusoire, en même temps que l'élément comique sourd de cette débâcle. Le thème du masque se retrouve à travers toute l'oeuvre poétique de Jodelle, où il est intimement lié à un autre thème fondamental: l'impossibilité d'atteindre une vérité ou un absolu quelconques. C' est l'interprétation, sur le plan métaphysique, de la misanthropie du poète.

En créant cet homme à masque Jodelle introduit, dans une parfaite coincidence, le personnage bourgeois sur la scène française. Il saisit l'être qui, par définition, doit se cacher, se mentir, se construire «autre.» Le milieu du seizième siècle voit l'essor de «cette bourgeoisie marchande et financière qui troque le surplus de ses gains en argent contre des terres et des offices,»[16] et qui se pique d'éducation, de luxe et de culture. Jodelle lui-même est le fils d'un marchand qui, ayant acquis un domaine, a des prétentions de noblesse. L'âpreté au gain a permis à ces commerçants de sortir de leur médiocrité et d'aspirer à une distinction dont le monde de la noblesse ainsi que la littérature leur offrent des modèles. L'appétit de parvenir, essentiel à la continuation de leur succès mais senti comme vulgaire et honteux, et le désir de raffinement intellectuel et moral, doivent subsister côte à côte dans cette nouvelle bourgeoisie. De cette alliance naît l'être qui se leurre, qui se surveille, et qui souffre de la fragilité, à la fois, de sa fortune et de sa supériorité trop nouvellement conquises, trop violemment souhaitées, et que l'envie et le hasard menacent. Il se trahit et les autres le trahissent: sur tous les plans il doit s'armer contre le mot, le geste, l'acte qui l'exposeraient, précaire, et, dans sa dualité, vulnérable.

Le présent ouvrage étudie les obsessions et les valeurs qui définissent les personnages de *L'Eugène* et le jeu de leur inter-action qui compose la structure normative de la pièce; sa structure dramatique; les différents niveaux du langage, considérés comme des moyens d'évaluation morale; la portée comique des valeurs et des structures diverses; l'effet esthétique total produit par la combinaison de tous ces éléments. Plutôt que d'étudier ces données séparément, sans tenir compte de leur cohésion intime, j'ai choisi de les examiner telles qu'elles se présentent, groupées autour des personnages de la pièce.

L'Eugène sera éclairée comme une oeuvre de la Renaissance, appartenant fondamentalement à des courants moraux, littéraires et philosophiques nouveaux, plutôt qu' aux traditions des anciennes farces. Cette comédie, si riche en types, structures et techniques qui marqueront pour longtemps le théâtre français, promet en effet au lecteur attentif les plaisirs de la redécouverte que Jodelle lui propose dans son Prologue.

Notes à l'Introduction.

[1]*La Comédie en France au XVIe siècle.* (Paris: Didier, 1965).

[2]«La Comèdie française de la Renaissance.» (*RHLF*, 1879-1900).

[3]*La comédie: Moyen Age et Renaissance.* (Paris: Flammarion, 1905).

[4]*Les caractéristiques essentielles de la farce française et leur survivance dans les années 1550-1620.* (Urbana: University of Illinois Press, 1964).

[5]*French Renaissance Comedy.* (Oxford: Clarendon Press, 1969).

[6]«The Development and Evolution of Secondary Characters as Manipulators of Dramatic Action in French Comedy (1552-1610).» (Diss. University of Illinois at Urbana-Champaign, 1971).

[7]*Le Théâtre Comique en France, de Pathelin à Mélite.* (Paris: Hatier, 1972).

[8]A côté des ouvrages déjà mentionnés il convient de parler de ceux d'Enéa Balmas. Il a étudié la vie et les oeuvres de Jodelle dans ses éditions critiques de *L'Eugène* (Milano: Cisalpino, 1955) et des *Oeuvres Complètes* (Paris: Gallimard, 1965-1968), ainsi que dans son ouvrage admirable, monumental, *Un Poeta del Rinascimento francese. Etienne Jodelle. La sua vita. Il suo tempo.* (Firenze. Leo S. Olschki, 1962). En ce qui concerne *L'Eugène* les notes de M. Balmas, très riches, sont indispensables pour la bonne compréhension, entre autres, des allusions historiques que la pièce contient. C'est surtout l'actualité politique et les événements militaires de l'époque que M. Balmas met en valeur dans les pages très intéressantes qu'il consacre à *L'Eugène.*

[9]Voir Enéa Balmas, *Un Poeta.*

[10]Victor E. Graham, W. McAllister Johnson, *Estienne Jodelle, Le Recueil des Inscriptions. A Literary and Iconographical Exegesis.* (Toronto: University of Toronto Press, 1972).

[11]*Ibid.*, p. 101.

[12]*Ibid.*, p. 75.

[13]*Oeuvres Complètes* I, p. 110.

[14]*Ibid.*, p. 112.

[15]*Ibid.*, p. 448.

[16]Enéa Balmas, *La Renaissance, 1548-1570.* (Paris: Arthaud, 1974). p. 14.

CHAPITRE I. LE PROLOGUE.

Au mois de septembre 1552 *L'Eugène* d'Etienne Jodelle fut joué à Paris, au Collège de Boncourt, devant un public composé sans doute surtout d'étudiants et de professeurs de Boncourt et d'autres Collèges.[1] Ce fut la première comédie française originale qui renouvelait le genre comique en s'inscrivant dans le grand mouvement d'innovation littéraire de la Renaissance. Dans le domaine théâtral ce mouvement avait été stimulé par des auteurs comme Thomas Sebillet, Charles Estienne, Lazare de Baïf, Théodore de Bèze et, évidemment, Joachim du Bellay. Passant de la théorie à la pratique, la comédie d'*Eugène*, «faite en quatre traites»[2] par un auteur de vingt ans, précédé d'un prologue fougueux, révolutionnaire, était un véritable «cri de guerre.»[3]

La tradition du prologue remonte bien haut. Etablie dans la comédie classique et italienne, on la rencontre dans le théâtre médiéval, par exemple dans *Le Jeu de Saint Nicolas* de Jean Bodel. Le prologue pouvait avoir des fonctions diverses: préparation du public à la pièce, réclame pour le spectacle et les acteurs, *captatio benevolentiae*, exhortation au silence, polémique et apologétique littéraires. Le prologue d'*Eugène* est de caractère polémique. Le ton en est enjoué, effervescent, le rythme endiablé. Les idées sont exprimées pêle-mêle, ce qui a fait dire à Henri Chamard que ce prologue était «si mal écrit qu'on n'est pas toujours sûr de l'entendre.»[4] Cependant tout ce que Jodelle y dit est important, tout contribue à une prise de position originale et authentique.

Le texte s'ouvre sur ce vers qui est déjà tout un programme:

«Assez, assez le Poëte a peu voir»
(Prol.)[5]

Le double «assez» exprime l'impatience qui anime les jeunes innovateurs, la hâte d'en finir avec les vieux genres, le désir ardent de tout bousculer. «Le Poëte,» qui devient *ce* Poëte quinze vers plus loin, est le titre que Jodelle porte avec arrogance, bonheur et orgueil.[6] Il implique la gloire et l'honneur, la forte responsabilité aussi, du créateur, et lui donne une assurance splendide dans l'invention, une joie dans l'expression, qui affleurent dans la bonne humeur radieuse autant que dans l'enthousiasme belliqueux qui marquent ce prologue. On peut y distinguer quatre sections:

I.   L'état actuel du théâtre, et les goûts et dégoûts du
     public.
II. Raisons d' être de la pièce.
III. Commentaire sur sa modernité,, les modèles rejetés,
     le modèle suivi, la nouveauté fondamentale et la
     témérité de l' entreprise.
IV. Introduction à la pièce.

Chacun de ces thèmes comporte des digressions apparentes-
mais qui ont toujours trait à la pièce,-et il y a entre elles des
liens d' association et de progression qui enlèvent au prologue
tout caractère trop didactique.

I. Dans la première partie le poète constate d'abord que

> « L'humble argument, le comicque devoir,
> Les vers demis, les personnages bas,
> Les moeurs repris. . . .»

ce qui veut dire la farce, avec sa vulgarité caractéristique et son
insouciance envers les préoccupations esthétiques, ne plaît plus
à tout le monde.   Il y a donc un noyau de mécontentement, un
désir naissant d'autre chose, qu' éprouvent les écrivains aussi
bien que le public, et il s'agit de renforcer ce sentiment de frustration encore tâtonnant.   Se désintéressant du vieux genre
comique certaines personnes

> «. . .de face sourcilleuse
> Ne cherchent point que chose serieuse»

tandis que d'autres

> «. . .de fureur plus amis,
> Aiment mieux voir Polydore à mort mis,
> Hercule au feu, Iphigene à l'autel,
> Et Troye à sac. . . .»

C'est dire qu'une partie du public, en réaction contre la bassesse
des farces, des moralités et des sotties, s'était mis à ne plus aimer
que des sujets sérieux (allusion peut-être à des pièces comme *Le
Sacrifice d'Abraham*, 1550, de Théodore de Bèze, pièce d'inspiration biblique) ou violents, comme les traductions récentes des
tragédies de Sénèque et d'Euripide que Jodelle énumère.   En

parlant de «la face sourcilleuse» il semble se moquer un peu de la tendance «sérieuse.» Quant à la tragédie antique, les exemples qu'il en donne ont tous des sujets d'une violence outrée: meurtres, incendies, sacrifices sanglants, et il semble qu'il raille aussi cette «fureur tant bien représentee.» Ce n'est rien de tout cela «qu'ores on vous apporte»! Jodelle veut bien pourtant que ces tragédies soient bonnes et méritent d'être jouées, mais il ajoute, fièrement, qu'il pourrait facilement en faire une s'il le voulait:

«. . .tant ne soit vantee
  Des vieilles mains l'escriture tant brave
  Que ce Poëte en un poeme grave,
  S'il eust voulu, n'ait peu representer
  Ce qui pourroit telles gens contenter.»

Ce qu'il dit, au fond, c'est qu'il ne veut pas se limiter à flatter des goûts déjà existants, à suivre une mode déjà établie. Il préfère une tâche plus difficile: réintroduire un genre bafoué, le genre comique français, en lui conférant une nouvelle dignité et une nouvelle fraîcheur, en le remaniant de fond en comble.

II. Quelles sont ses raisons? Il en donne plusieurs. D'abord

«. . .pourautant qu'il veut à chacun plaire,
  Ne dédaignant le plus bas populaire.»

C'est là une déclaration de non-élitisme qui a dû sembler révolutionnaire et provocante à un moment où le fossé entre le nouveau capitalisme et la bourgeoisie d'une part et un prolétariat urbain naissant d'autre part se creusait de plus en plus, où l'art même devenait de plus en plus le privilège d'une classe favorisée et d'une aristocratie intellectuelle.[8] Il faut bien dire que la poésie de la Pléiade, celle de Jodelle lui-même, s'adresse surtout à une élite érudite ou puissante, mais dans cette première manifestation de la nouvelle vague il entend parler à tous, y compris le peuple. Pour plaire à ce «bas populaire» il pense que le genre comique, que cette sorte de public connaît dans des formes grossières mais familières, servira mieux. Ce défi au mandarinat intellectuel et aux adhérents d'une culture exclusive constitue une vraie originalité, et une norme importante pour la pièce. La révolution esthétique est par là liée à une révolution sociale en puissance, ce qui suppose un contexte anti-bourgeois.

En fait, Jodelle propose un programme d'initiation générale dans la culture nationale, où les notions d'infériorité et de supériorité culturelles, qui servent d'alibi à la bourgeoisie, perdraient tout leur sens. Jodelle compte offrir au public un comique renouvelé, raffiné, intelligent, qui plaise à tous. La deuxième raison pour s'essayer à la comédie peut sembler une justification plutôt qu'une raison:

> «. . .pour ce aussi que moindre on ne voit estre
> Le vieil honneur de l'escrivain adextre,
> Qui brusquement traçoit les Comedies
> Que celuy là qu'ont eu les Tragedies.»

Puisque les anciens honoraient le genre comique autant que le tragique, pourquoi ne serait-ce pas la même chose en France? On remarque l'adjectif-«adextre»-et l'adverbe-«brusquement»-que Jodelle applique à l'auteur comique et à son art. Les connotations d'habileté, de rapidité, de fougue dans la composition-qui posent une norme esthétique-s'accordent bien avec le tempérament de Jodelle, tel que ses contemporains l'ont décrit. Il était «d'un esprit prompt et inventif,»[9] d' «un naturel esmerveillable . . .rien ne sembloit luy estre impossible òu il employoit son esprit,»[10] «naturellement prompt et adextre en cette science [la littérature].»[11] Son maître au Collège de Boncourt, Muret, dans un poème «ad Stephanum Jodellum» parle, en décrivant son élève, de «vividus ardor.»[12] Il n'est donc pas étonnant que la création soit pour lui le résultat d'une impulsion irrésistible, et qu'il envisage le travail de l'écrivain comme une coulée impétueuse. On remarque aussi que la formule «la comédie est traditionnellement honorable» tourne au défi: «pourquoi ne pas faire ce que d'autres ont pu faire?». On remarque le rôle que joue pour Jodelle l'idée d'honneur liée à l'idée exaltée du poète, chérie par lui et par les autres membres de la Pléiade, d'après les traditions les plus anciennes, remontant à Pindare et à Platon. Il continue cet argument en se faisant le champion du genre comique, trouvant encore une raison pour le pratiquer:

> «. . .ce genre d'escrire
> Des yeux Francois si longtemps se retire
> Sans que quelqu'un ait encore esprouvé
> Ce que tant bon jadis on a trouvé.»

Dans cet éloge de la re-découverte de plaisirs perdus, on distingue déjà une note patriotique : les Français méritent d'apprécier ce qu'on appréciait autrefois. Jodelle conclut que pour toutes ces raisons- en raison du public très vaste qu'il veut atteindre, de l'honorabilité du genre, de l'alléchante nouveauté qu'il propose- il

> «A bien voulu dépendre ceste peine
> Pour vous donner sa Comedie Eugene.»

La note badine ne cache pas l'importance qu'il attache à son travail, et cette deuxième partie finit triomphalement avec le titre de la pièce.

III. La troisième partie commence sur une note cocasse : l'explication du titre :

> «A qui ce nom pour ceste cause il donne,
> Eugene en est principale personne.»

Mais après ce renseignement pseudo- solennel il aborde les vraies explications. Cette partie, la plus longue de loin, contient le programme de Jodelle, exprimé de façon très explicite.

En résumé, il annonce d'abord ses principes concernant la nature de l'intrigue, le style et le langage ; ensuite il revient avec plus de détails qu'au début aux genres qu'il rejette ; il annonce le modèle qu'il veut suivre, pour aussitôt souligner les différences essentielles qui le séparent de celui-ci ; il finit par justifier ses innovations, et par mentionner quelques détails techniques. Dès le début de cette partie il met en valeur le caractère nouveau et français de son projet, reprenant ainsi une idée qu'il a déjà indiquée dans la partie précédente. Ainsi,-pour l'intrigue :

> «L'invention n'est point d'un vieil Menandre»

-pour le style :

> «Le style est nostre. . .»

-et pour la langue :

> «. . .chacun personnage
> Se dit aussi estre de ce langage.»

Tout sera moderne, appartenant au seizième siècle, à la France. Avant de développer ces idées, Jodelle se défend de retomber, par l'emploi de thèmes familiers et de la langue populaire, dans les vieux genres. Il rejette carrément les farces, les mystères sacrés qui, défendus depuis l' arrêt du parlement du 17 novembre 1548, continuaient à être joués sous le nom de «tragédies» ou «tragi-comédies,»[13] les moralités aux personnages allégoriques, les fatras, vieux genre marqué par l' incohérence ou la grossiéreté du contenu, les sotties où le fou est le personnage d'honneur. Il nomme tous ces genres populaires ou il y fait allusion mais il les lie aussi tous ensemble, comme si, sans faire des distinctions trop claires entre eux, il les condamnait tous en vrac. Il reconnaît avoir une chose en commun avec eux-l'emploi du français-mais il s'en sert

> «Sans que, brouillant avecques nos farceurs
> Le sainct ruisseau de nos plus sainctes Soeurs,
> On moralise un conseil, un escrit,
> Un temps, un tout, une chair, un esprit,
> Et tels fatras, dont maint et maint folastre
> Fait bien souvent l'honneur de son theatre.»

Ensuite il annonce son modèle:

> «. . .retraçant la voye des plus vieux,
> Vainqueurs encor'du port oblivieux.»

Il retrouve l'idée d'honneur qu'il avait déjà mentionnée, mais alors que, dans la deuxième partie, «le vieil honneur de l'ecrivain adextre» semble impliquer surtout le succès, l'approbation du public, ici l'idée est plus générale: l'honneur est vu comme l'éternité qu'acquièrent les poètes grâce à leur oeuvre. Il se propose de gagner cette récompense suprême, et de suivre l'exemple des auteurs grecs et latins, mais il ne veut pas se borner à les imiter:

> «Cestuy-ci donne à la France courage
> De plus en plus ozer bien d'avantage.»

Deux principes s'expriment ici: l'audace dans le renouvellement, et la conviction que le poète doit être un chef, un initiateur, un pionnier. Cette témérité pourrait provoquer un jugement péjoratif, mais

> «Juger ne doit quelque severe en soy
> Qu'on ait franchi du Comicque la loy.»

L'audace est inséparable de tout effort de renouvellement. Elle s'exprimera dans la langue et surtout dans le mélange de niveaux de langage et donc de tons :

> «. . .souvent en ceste Comedie,
> Chaque personne a la voix plus hardie
> Plus grave aussi qu'on ne permettroit pas
> Si l'on suyvoit le Latin pas a pas.»

Le mélange soutenu du «hardi» et du «grave» constitue une des caractéristiques les plus marquantes de *L'Eugène.* Inventé par Jodelle, cet artifice brillant affirme son indépendance du «latin» et sa liberté totale dans la création. Jodelle prévoit que les critiques attribueront ce mélange-essentiel à la nature de la pièce-à la faiblesse de la langue et à son incapacité de la dominer, de la discipliner :

> «La langue encor foiblette de soymesme
> Ne peut porter une foiblesse extreme.»

En offrant cette «excuse» de la «faiblesse» qu'on va peut-être lui reprocher il la tourne en plaisanterie. La «langue foiblette» est peut-être une allusion moqueuse à la façon un peu compassée dont du Bellay a pu parler du français, par exemple dans le troisième chapitre de la *Deffence et Illustration de la langue française,* où il le compare à «une Plante et Vergette [qui] n'a point encores fleury.»[14] Il surenchérit sur cette fragilité avec la «foiblesse extreme» qui est la sienne. Le topos de la modestie exagérée fait ressortir la vraie fierté de l'auteur, et la moquerie souligne son indépendance, non seulement envers tout modèle, mais encore envers les critiques éventuelles. L'humour, dans ce prologue, ne fait que confirmer la conscience que l'auteur a de sa propre valeur. La nouveauté et l'intrépidité ne résident pas seulement dans la langue, mais aussi dans la nature des protagonistes qu'il a choisis :

> «Et puis ceux-ci, dont on verra l'audace,
> Sont un peu plus qu'une rude populace :
> Au reste tels qu'on les voit entre nous.»

Les personnages, qui déterminent le cadre où se joue la pièce, ne sont pas les types vulgaires de la farce. Ils appartiennent à la bourgeoisie française, et s'ils sont «audacieux» il s' agit d' une audace nouvelle, différente de ce qu'on pourrait appeler audace dans les vieux genres. Comme c'est le cas pour la langue, leur nature sera établie à partie d'une invention nouvelle. En plus, si leurs actions semblent osées, c'est à leur classe qu'il faut s'en prendre. Le public ne peut pas les reléguer-comme il reléguait les personnages des farces ou des pièces antiques- au domaine de la fantaisie populaire ou mythologique. Il doit reconnaître qu'il leur ressemble puisque'ils sont «d'entre nous.» Cela implique des possibilités d'une critique sociale adressée directement au spectateur et à son cadre. Jodelle justifie ainsi le choix de ce genre de personnages:

> «Mais dites moy, que recueilleriez-vous,
> Quels vers, quels ris, quel honneur, et quels mots
> S'on ne voyoit ici que des sabots?»

L'interprétation de ce passage dépend du sens qu'on donne au mot «sabot» qui, au seizième siècle, signifie à la fois «toupie» et «chaussure de bois.» Le dictionnaire de Huguet donne «l'aage du sabot» comme synonyme de l'enfance.[15] Jodelle a donc pu vouloir dire que ces personnages ne sont pas des paysans, des rustres, (reprenant l'idée de la «rude populace» des vers précédents) ou bien qu'ils ne sont pas des enfants, des héros tout jeunes, des innocents (en contraste avec l'audace qu'il a annoncée). Cette dernière hypothèse semble plus riche en possibilités. Elle sert mieux à justifier la nature osée des personnages, elle ajoute à l'originalité de la pièce, et elle s'accorde mieux avec les vers qui suivent (où l'idée d'audace dans le comportement est reprise). L'emploi de personnages moins jeunes rejette une convention de la comédie de Plaute et de Térence où le jeune héros sympathique est un type fréquent.[16] Ce qui plus est, en caractérisant ses personnages comme n'étant pas des innocents, Jodelle leur donne un élément normatif supplémentaire. Ceci est important puisque la nature des personnages, ainsi que ce passage l'implique, décide du «vers»-l'élément esthétique-, du «risy»- la nature du comique-, de «l'honneur»-le principe moral de l'intrigue-, et des «mots»-la nature du langage et les plaisanteries et autres artifices verbaux. Le passage indique un souci de l'effet total de tous ces éléments sur le public, et le désir de lui procurer du plaisir. Cette partie finit par une dernière justification de l'audace des personnages:

> «Outre, pensez que les Comicques vieux
> Plus haut encor ont fait bruire des Dieux.»

C'est une allusion, sûrement, à des comédies antiques où les dieux ne se conduisent pas toujours de la façon la plus modérée ni la plus sage, comme par exemple l'*Amphitryon* de Plaute.

Là se termine l'essentiel de cette partie. Jodelle a énoncé des choses très importantes concernant sa conception de la comédie: le rejet des anciens genres; la décision de suivre les indications des auteurs classiques, mais dans une indépendance totale et en les adaptant aux nécessités d'une comédie française et moderne; l'apologie de l'audace de la langue, du style, des personnages; la nature inexorablement familière des personnages et le souci de l'effet esthétique produit. Pour finir, il mentionne quelques aspects plus extérieurs de la comédie, et de la scène où elle se joue. Il faut se contenter de ce qu'on a sous la main:

> «Quant au theatre, encore qu'il ne soit
> En demi-rond, comme on le compassoit,
> Et qu'on me l'ait ordonné de la sorte
> Que l'on faisoit, il faut qu'on le supporte:
> Veu que l' exquis de ce vieil ornement
> Ore se voüe aux Princes seulement.»

Jodelle pouvait avoir des connaissances concernant l'amphithéâtre des anciens grâce aux oeuvres de Vitruve et de Serlio, traduites et illustrées par Jean Martin et Jean Goujon, et par les nombreuses éditions illustrées du théâtre de Térence,[17] ainsi que par les préfaces de Charles Estienne à ses traductions de l'*Andria* de Térence et de *Gl'Ingannati* qu'il intitule en français *Les Abusez*.[18] Quant à la remarque que de telles splendeurs sont désormais réservées aux Princes, Balmas suggère qu' on y voie une allusion précise à une représentation somptueuse de *La Calandria* de Bibbiena, donnée à Lyon en 1548 en l' honneur d'Henri II.[19]

Etienne Pasquier décrit ainsi la scène de la représentation d'une pièce de Jodelle au Collège de Boncourt: «Toutes les fenestres estoient tapissées d'une infinité de personnages d'honneur, et la Cour si pleine d'escoliers que les portes du Collège en regorgeoient.»[20] Il est donc clair que le spectacle avait lieu dans la cour intérieure du collège, où on avait sans doute érigé une scène contre le mur de l'un des bâtiments. Les fenêtres des étages supérieurs servaient de loges, et le reste du public se pressait autour de l'estrade dans la cour. Jodelle ne semble pas se soucier de cette déformation du théâtre antique. Tout au plus, cette circonstance lui donne l'excuse d'un clin d'oeil complice à son public: «Le luxe est bon pour les rois, nous, pauvres étudiants, devons nous contenter de ce que nous avons.» D'ailleurs, cela renforce le côté non-élitiste de ce théâtre, et cette scène improvisée dans un collège ne pouvait qu'augmenter l'impression d'avant-garde, de témérité, d'essai révolutionnaire! Tout comme on se passe d'amphithéâtre à l'antique, il faut renoncer aux choeurs:

> «Mesme le son qui les actes separe,
> Come je croy, vous eust semblé barbare,
> Si l'on eust eu la curiosité
> De remouller du tout l'antiquité.»

Il ne s'agit nullement de «remouller du tout l'antiquité.» Ce serait un travail de curiosité, d'érudition, seulement, une oeuvre d'antiquaire. Jodelle aspire, non a re-créer en historien un spectacle du passé, mais à représenter une pièce originale, en faisant de l'antiquité l' antidote contre l'héritage médiéval plutôt qu'un modèle à copier fidèlement et stérilement. Ainsi, il affirme, une fois de plus, l' indépendance de son génie et l'authenticité de son entreprise.

IV. La dernière partie remplit la fonction la plus traditionnelle du prologue: elle introduit la pièce. Le ton est celui de la plaisanterie:

> «Mais qu'est-ce ci? dont vient l'estonnement
> Que vous montrez? est-ce que l'argument
> De ceste fable encore n'avez seue?»

Au topos de l'impatience du public correspond celui de l'impatience des personnages: ils prennent vie, ils veulent s'exprimer:

> «Je m'en tairay, l'Abbé me tient la rene
> Qui la dedans devise avec son prestre.»

Le public est introduit dans l'univers de «la fable» qui prend forme, qui efface l'auteur, qui se prépare à dominer les spectateurs. Avec l'abbé Jodelle se vante

«De vous brider desire par la bouche:
Et, qui plus est, sous la gaye merveille
De derober vostre esprit par l'aureille.»

Ces vers-les derniers du prologue- constituent une réclame, traditionnelle et amusante, pour la pièce, mais elles semblent impliquer que «la gaye merveille,» l'invention comique qui produira le rire, n'est pas tout, que *sous* cet aspect joyeux il y a un autre niveau, que l'auteur se promet d'engager le spectateur plus profondément, de le posséder d'une façon plus soutenue, de le marquer plus profondément. Cette idée s'accorde avec l'image que Jodelle chérit du poète doué de pouvoirs extraordinaires qui le rendent capable de guider, voire même d'ensorceler le public.

C'est là un programme ambitieux et neuf, basé sur les principes de renouvellement que Jodelle ne cesse d'accentuer dans ce prologue et qui déterminent tous les éléments de l'oeuvre; une cohérence parfaite de ces éléments semble d'ailleurs relever des convictions esthétiques de l'auteur: tout exprime tout. Ainsi la nature du langage est une conséquence de la nature des personnages. Sur ceux-ci, Jodelle donne des indications précieuses, il les associe étroitement au spectateur, engageant celui-ci dans l'évaluation normative de la pièce. Il défend l'idée d'un théâtre «pour tous» de la plus haute qualité, en accord avec sa conviction que l'écrivain doit initier le public et l'entraîner vers les nouveaux domaines découverts et conquis par lui. Le poète est responsable de l' honneur national, puisqu'entre ses mains repose l'avenir de la littérature de son pays. Par là il peut aspirer à l'honneur personnel, au succès, à l'immortalité. Cette conception exaltée du rôle du poète lui donne l'assurance nécessaire pour balayer les vieux genres, pour décider ce qu'il convient d'adopter de l'antiquité, et enfin pour désarmer, par l'humour, les critiques. Elle contribue à former l'idée qu'il se fait du travail créateur: travail d'inspiration et d'exaltation. C'est bien ce qui a fait dire à Estienne Pasquier: «que Ronsard estoit le premier des Poëtes, mais que Jodelle en estoit le Daimon.»[21]

Notes au chapitre I.

[1]Pour la date, voir: Enéa Balmas, *L'Eugène,* édition critique. (Milano: Cisalpino, 1955) 6-12.

[2]D'après Charles de la Mothe, premier éditeur de Jodelle. Sa préface aux oeuvres complètes, parue dans les éditions de 1574 et 1583, est reproduite dans *La Pléiade Françoise* de Ch. Marty-Laveaux (Paris: Lemerre, 1868, 21 vol.) vol. 3, 1-9. La citation est à la p. 8.

[3]P. Toldo, «La Comédie Française de la Renaissance» (*Revue d'Histoire Littéraire de la France* 4, 5, 6, 7, 1897-1900), 4, p. 389.

[4]H. Chamard, *Histoire de la Pléiade,* (Paris: Didier, 1939-1940, 4 vol.). 2, p. 12.

[5]Toutes les citations seront empruntées à la dernière édition de *L'Eugène,* par Enéa Balmas, dans son édition des *Oeuvres Complètes d'Etienne Jodelle* (Paris: Gallimard, 1968, 2 vol. Texte de *L'Eugène:* vol. 2, pp. 10-89). Comme M. Balmas ne numérote pas les vers, je noterai à chaque fois l'acte et la scène.

[6]Voir: R. J. Clements, *Critical Theory and Practice of the Pléiade* (New York: Octagon Books, 1970) p. 46. «It might be said that this frequent use of the capital initial letter of the word «Poète» in the French Renaissance is not without significance to a study of poetic glory.»

[7]Voir: Balmas, *Oeuvres Complètes,* 2, 434, 435.

[8]Voir: Hauser et Renaudet, *Les débuts de l'Age Moderne; la Renaissance et la Réforme.* (Paris: F. Alcan, 1929) 349-351 et R. J. Clements, *Critical Theory and Practice of the Pléiade,* 49-51.

[9]Pierre de L'Estoile, *Mémoires-Journaux,* (Paris: Lemerre, 1896, 12 vol.) 12, 387.

[10]Etienne Pasquier, *Oeuvres Complètes* (Amsterdam: Aux dépens de la Compagnie des Libraires Associez, 1723, 2 vol., Slatkine reprints, Genève, 1971), 1, 705.

[11]Marty-Laveaux, *La Pléiade Françoise*, 3, p. 7.

[12]Cité par Chamard, *Histoire*, 2, p. 7.

[13]Voir: Grace Frank, *The Medieval French Drama* (Oxford: Clarendon Press, 1954) p. 270.

[14]Dans Marty-Laveaux, *La Pléiade Françoise*, 1, p. 9.

[15]Huguet, *Dictionnaire de la langue française au seizième siècle.* (Paris: Champion, vol. 1, 2, et Didier, vol. 3-7, 1925-1967).

[16]Voir: George E. Duckworth, *The Nature of Roman Comedy. A Study in Popular Entertainment.* (Princeton: Princeton University Press, 1952) pp. 236, 237.

[17]Voir dans *Le Lieu Théâtral à la Renaissance,* études réunies et présentées par Jean Jacquot (Paris: Editions du Centre National de la Recherche Scientifique, 1964) pp. 1-23: «Les éditions illustrées de Térence dans l'histoire du théâtre,» par T. E. Lawrenson et Helen Purkis.

[18]Voir: N. B. Spector, ed., *Les Contens* d'Odet de Turnèbe (Paris: Didier, 1964) p. 192 et B. Weinberg, *Critical Prefaces of the French Renaissance* (Evanston: Northwestern University Press, 1950) 89-103, 135-138.

[19]Balmas, *L'Eugène,* p. 91.

[20]Etienne Pasquier, *Oeuvres Complètes,* 1, p. 704.

[21]Etienne Pasquier, 1, p. 705.

CHAPITRE II. LA PREMIERE SCENE: EUGENE.

Dans la première scène du premier acte, l'abbé Eugène médite sur la vie, en compagnie de Messire Jean, son chapelain et fidèle écho. La vie, dit-il, est brève et empoisonnée par le souvenir des mauvais jours passés ainsi que par «l'appréhension incertaine» de l'avenir. Il faut donc essayer d'oublier le passé, ne point se soucier de l'avenir, et se

> «. . .contenter du bien
> Qui nous est present, et en rien
> N'estre du futur soucieux.»
> (I, 1)

Il ne faut aimer que soi, et se vouer à la poursuite du plaisir. Nous passons rapidement ainsi d'une enquête philosophique, des réflexions sur la brièveté et l'incertitude de la vie, à ce qui se cache derrière cette prétendue inquiétude, à savoir la norme de l'égoïsme et du plaisir. «La vie humaine»-premiers mots de la pièce!-sur laquelle semblait méditer Eugène, la «pauvre terre» qui semblait être l'objet de ses préoccupations, se réduisent à des limites bien définies puisqu' il ne s' agit en vérité que du *Moi* d'Eugène. Ce mouvement d'une expansion toute illusoire vers une concentration réelle est démontré dans cette réplique:

Expansion	«En tout ce beau rond spacieux Qui est environné des cieux,
Concentration	Nul ne garde si bien en soy Ce bonheur comme moy en moy.»

> (I, 1)

Le mouvement correspond au besoin de justifier l'égoïsme féroce et absolu qui, dès le début, domine la pièce. A la fin du Prologue Jodelle a dit qu'il doit s'arrêter parce que déjà Eugène

> «. . .marchant, enrage de sortir,
> Pour de son heur un chacun advertir.»
> (Prol.)

et nous avons en effet, dans la première scène, la première rencontre avec l'abbé, l'impression d'une énergie immense, d'une force typique pour l'homme qui croit profondément et uniquement dans la valeur exclusive de ses propres désirs, de sa propre existence. Il est donc normal qu' Eugène, après avoir, pour ainsi dire, aboli le monde entier à la faveur du Moi, commence un nouveau mouvement d'expansion, situé entièrement sous le signe du Moi.

C'est l'individu qui s'élève au-dessus de tout: de la société et du monde matériel qui l'entourent, de son passé et de son avenir. Eugène se crée par les paroles qu'il prononce, et, en se créant, il transforme et soumet tout, en même temps qu'il se libère. Il s'agit, en effet, d'un grand effort pour affranchir l'individu de toute entrave, surtout des soucis et du travail. Indépendant des «parens qui neistre me feirent» et qui sont présentés comme des gens pauvres, donc inférieurs, puisque la pauvreté ne permet pas l'indépendance; indépendant aussi d'héritiers éventuels, puisque les biens ne servent que

> «. . .pour rendre ma seule vie
> En ses delices assouvie.»
>   (I, 1)

le Moi n'aura pas d'attaches naturelles ou affectives. Libérée, la personnalité n'a comme but que l'assouvissement de ses moindres désirs; la distance entre l'homme et son plaisir disparaît, l'un n'existe pas sans l'autre, et Eugène peut parler des

> «. . .plaisirs nourriciers de nous»
>   (I, 1)

paroles qui expriment bien cette osmose, cette identification homme-plaisir qui est la norme d'Eugène, cette valorisation du plaisir en tant que principe vital. D'où l'absolue supériorité de cette personnalité libérée. Eugène se compare au roi, aux nobles, aux marchands, aux laboureurs, aux artisans, évoquant ainsi un résumé de la société. Il voit toutes ces classes sociales soumises à des lois naturelles ou humaines. Il n'y a que lui, et les autres religieux, dont l'existence ne soit

> «. . .à autre joug submise
> Sinon qu'à mignarder soymesmes.»
>   (I, 1)

Il s'associe donc à une classe, mais en fait il ne parle encore que de lui-même, puisque, dans cette classe, il n'envisage aucun modus vivendi différent du sien. L'individu libre et supérieur peut aller jusqu'à se croire maître de l'univers:

«*Avoir* les bois, *avoir* les eaux
De fleuves ou biens de fontaines,
Avoir les prez, *avoir* les plaines,
Ne recognoistre aucuns seigneurs,
Fussent-ils de tout gouverneurs;».
(I, 1)[1]

Il y a là une expression d'orgueil qui semble s'adresser à Dieu (gouverneur de tout), et en même temps un esprit bohémien d'indépendance joyeuse et de possession de la nature. C'est un esprit anti-bourgeois, tel qu'il s'est exprimé dans le dédain du travail, dans l'acquisition facile et peu méritée, d'après les normes bourgeoises, de «biens à foisson,» dans le détachement manifeste de toute société organisée.

Dans toute cette tirade d'Eugène, interrompue par de brèves approbations de Messire Jean, nous assistons donc à la démarche curieuse d'après laquelle l'abbé, partant d'une inquiétude métaphysique concernant la vie humaine et le destin du monde, parvient à transformer cette inquiétude en une assurance extraordinaire, en la faisant passer par le crible du Moi. Nous avons devant nous un Eugène pétri de philosophie épicurienne,[2] un être libre, l'anti-bourgeois complet, tant dans son inquiétude première, si élevée, si austère, que dans sa doctrine du plaisir laquelle consiste surtout à affirmer la plénitude de l'expression individuelle et la liberté la plus complète de la jouissance.

Mais voilà qu'Eugène donne la parole à Messire Jean, lui demandant le récit de ses réjouissances. Le chapelain commence en effet, en contre-point à la tirade d'Eugène, qui le convie comme le ferait par un petit geste discret un chef d'orchestre, à préciser les applications pratiques de la doctrine du plaisir:

«   Le feu leger
De peur que le froid outrager
Ne vienne la peau tendrelette,
Le linge blanc, la chausse nette,
Le mignard pignoir d'Italie,
La vesture à l'envi jolie,
Les parfums, les eaux de senteurs,
La cour de tous vos serviteurs,

> Le perdreau en sa saison
> Le meilleur vin de la maison,»
>   (I, 1)

les occupations agréables, plutôt que les devoirs de la prêtrise:

> «Les livres, le papier, les plumes,
> Et les breviaires, ce pendant,
> Seroyent mille ans en attendant
> Avant qu'on y touchast jamais,
> De peur de se morfondre; . . .»
>   (I, 1)

On préfère des passe-temps plus conformêts à des goûts de jouisseur gâté: la musique, la chasse à cheval, les repas fins entre amis, la conversation amusante, et, finalement, «la chatouillarde amourette,» sur quoi Messire Jean conclut:

> «Tant qu'on revienne tous taris
> Par ces pisseuses de Paris.»
>   (I, 1)

Ce mot de «pisseuses» marque un changement dans le ton de la scène, changement net, bien que préparé. Les réflexions d'Eugène sur la vie et sa philosophie de la vie étaient exprimées sur un niveau nettement élevé, sentencieux, rhétorique et poétique[3] (ex.: «ce beau rond spacieux»). Ensuite la reprise de ces idées et leur mise en images par Messire Jean se sont faites sur un ton moins élevé, puisqu'il s'agit de plaisirs bien matériels plutôt que de concepts abstraits, mais quand-même cultivé, parfois poétique («par mont et par val,» «la rousse beste»), évoquant les charmes de la vie consacrée à la jouissance. «Chatouillarde amourette»[4] introduisait déjà, pour la première fois, la norme érotique, mais avec «pisseuses» le niveau tombe du coup plus bas, et devient grossièrement sensuel, d'autant plus que la norme anti-féminine, indiquée par ce mot insultant, s'y ajoute et souligne la qualité basse de cet érotisme.[5] Ce mot provoque un gros rire, le premier de la pièce, alors que jusqu'ici le public cultivé des Collèges et de la Cour a pu sourire finement du spectacle de l'abbé philosophe et gracieusement bon-vivant, se consolant des inquiétudes de la vie par son égoïsme et par les plaisirs raffinés: les articles de toilette de première qualité, la chasse, la musique etc. «Pisseuse» apporte un changement de

perspective sur le personnage d'Eugène, et puisque ce changement de perspective est un élément essentiel de comique, le mot
qui en donne le signe joue le rôle de charnière. Il introduit les
préoccupations d'Eugène: non pas l'angoisse devant la brièveté
et l'incertitude de l' existence qu'il prétendait éprouver, mais la
peur, d'une part, de l'inconstance de sa maîtresse, et d'autre
part de la découverte de sa liaison par le mari trompé. Angoisses
bien sordides, bien peu dignes d'un philosophe! C'est le dévoile-
ment de l'abbé. Ce personnage est d'ailleurs tout en fausses
prétentions, se présentant comme prêtre, comme philosophe,
comme esprit anti-bourgeois, trois masques qu'il aime porter,
mais qui lui tombent facilement de la figure.

Prêtre il l'est, de nom sinon de coeur et d'âme, et sans
doute le public, nourri de fabliaux, de farces et de sermons
joyeux, a-t-il l'habitude de l'abbé grivois, grossier, lourdaud,
agissant en opposition directe à ce que semblerait devoir signifier
le sacerdoce.[6] N'empêche que ce personnage possède une certaine valeur-choc. L'irrévérence va de pair, dans une société
catholique, avec la révérence, et le piquant, donc la raison d'être,
du personnage ne peut venir que de cette double attitude. Outre
l'effet de scandale dans la représentation d'un prêtre peu dévot,
il y a du nouveau ici dans le fait que le prêtre est doublé d'un
philosophe. Nous sommes en effet loin de l'abbé de la farce,
créature vulgaire qui se contente de plaisirs grossiers, curé de
campagne rustique ou moine pouilleux. Nous sommes en
présence d'un homme cultivé, raffiné, s'exprimant avec beaucoup
d'élégance et de justesse, proclamant intelligemment son orgueil
quasi-prométhéen et ses convictions amorales, pensant aussi bien
que vivant son idéal de jouissance et de *dolce-far-niente,*
l'érigeant en système, l'étendant même à tous les gens d'église.
Ce prêtre si peu prêtre n'est pas un lourdaud inconscient, mais un
homme qui voit la prêtrise comme la carrière la plus apte à
satisfaire les besoins de son égo monstrueux, à lui assurer, avec le
maximum de bénéfices matériels, une liberté illimitée et une
parfaite indépendance. Ni inconscient ni tourmenté, il nous
apparaît comme le type même d'un certain homme de la Renaissance: libre penseur, orgueilleux, se piquant de philosophie
antique et d'un art de vivre personnel et raffiné. Au public du
Collège de Boncourt il a dû apparaître avec un relief peu banal,
doté d' une dimension que le curé de la farce était loin de
posséder.

Sa pensée libérée s'exprime dans ses idées anti-bourgeoises: dégoût du travail, allant de pair avec l'amour du luxe, mépris pour ceux qui vivent une vie organisée et dépendante. Sûr de posséder le monde entier, il a confiance que tout lui est dû et qu'il ne doit rien à personne.

Mais voilà que ces trois masques qui se complètent si bien l'un l'autre, commencent à glisser! Dans la tirade des plaisirs de Messire Jean nous avons pu nous amuser déjà de voir l'homme jaloux de sa liberté en homme jaloux de ses petits conforts, douillet, porté sur «les molles viandes.» Mais quand Messire Jean lance le mot «pisseuse,» ce mot, par association, rappelle à Eugène ces préoccupations que nous devinons être pitoyables, à cause justement de cette association faite par lui. Les dimensions du personnage en sont à la fois réduites et élargies: réduites du point de vue du spectateur en tant que juge moral, élargies du point de vue du spectateur intéressé par la complexité des caractères. En effet, nous avons ici une ambiguité dans le personnage, un effet de duplicité entre le joué et le vécu, un Eugène double qui, tout le long de la pièce, et surtout à l'aide du langage par lequel il se crée ou se trahit continuellement, se présentera tantôt sous l'une tantôt sous l'autre de ses faces. Le comique du personnage sera donc d'une nature tout à fait différente de celui de la farce; là, le public rit à la plate évocation d' un religieux licencieux, ici le rire vient de la disparité entre la philosophie et la pratique, entre les belles paroles et la réalité mesquine. L'homme supérieur, qui prétendait échapper aux tourments, est en proie à deux êtres tels qu'Alix et Guillaume; le quasi-dieu, qui se proclamait propriétaire des «eaux de fleuves ou biens de fontaines», se contente en réalité d'un bien médiocre ruisseau. Le bohémien connaît des soucis de ménage comme n'importe quel petit bourgeois de Paris.

Ce glissement qui s'opère graduellement dans le personnage pourrait être représenté schématiquement par le graphique suivant:

	Niveau philosophique:
norme	inquiétude élevée
anti-bourgeoise	(prétendue)
	plaisirs élevés
	niveau matérialiste:
	plaisirs bas
norme	inquiétude basse
bourgeoise	(vraie)

Action + Comique.

L'action est, en effet, l'aboutissement de tous les facteurs qui entrent dans la composition du personnage d'Eugène, facteurs dont le comique est le produit.

Eugène veut se présenter sous un certain jour, il veut créer de lui-même une certaine image, il se veut supérieur aux autres et invulnérable aux atteintes de la vie. L'action de la pièce consistera à mettre un frein à cette volonté égocentrique et à cette invulnérabilité. Sa fausse inquiétude appelle une vraie inquiétude, sa volonté de ne pas «donner entrée au soucy» appelle des soucis; indépendant, comme il le proclame, de sa famille, il aura besoin de sa soeur pour le sortir d'un mauvais pas; nourri de plaisirs, il mourra de peur;[7] homme sans liens, il se révèle comme membre d'une petit société bien tracassante; philosophe, il se voit réduit à des situations ignobles. Cela serait tragique, n'était la bassesse des situations et la complaisance essentielle d'Eugène envers celles-ci. Il ne se voit pas humilié ni même abaissé mais simplement dérangé. S'il dit des mensonges sur lui-même, ce n'est pas parce qu'il est mécontent de ce qu'il est, mais au contraire parce que justement il en est très satisfait. Il n'y a pas en lui la moindre trace de lucidité. Il est aveugle sur lui-même parce qu'il s'aime, et soupçonneux envers les autres parce qu'ils ne sont pas lui, mais des éléments de son plaisir, éléments extérieurs qui risquent à tout moment de disparaître. Il voit tout par son ego, et si nous voyons en lui un décalage, cet ego lui donne l'impression d'être d'une façon uniforme, car il parle et il agit toujours sous le coup de l'égoïsme.

C'est cet égoïsme que le spectateur souhaite de voir visé. Puisqu' Eugène a érigé le bel édifice de lui-même, le spectateur sera content d' assister à l'écroulement de cet édifice. Au début de la scène nous voyons le rêve qu'Eugène fait sur lui-même; à partir du mot «pisseuses» nous voyons la réalité qui, dans la structure de la pièce, est la contre-partie du rêve: l'être supérieur changé en être inférieur, entouré d'êtres inférieurs; l'être dominant devient l'être dominé. Le comique dérive de la disparité entre le rêve et la réalité, entre l'Eugène voulu et l'Eugène vécu. La peinture de l'abbé par lui-même reste présente à l' esprit du spectateur; elle forme le fond incongru de toutes ses actions et des actions des autres personnages. Il y a un décalage essentiel dans cette pièce entre les deux côtés d'Eugène, et c'est de là que viennent le décalage entre les tons, entre les niveaux de conversation, et le comique fondamental de la pièce qui est un comique d'incongruité.[8]   Eugène est un homme qui se construit pour se détruire.

Cette opération de base est placée au début de la pièce, mais elle sera répétée plusieurs fois, à chaque illusion qu'Eugène veut faire passer sur lui-même, sur ses motifs, sur sa maîtresse. Ainsi le comique d'incongruité sera renforcé par le comique de répétition. Eugène essaiera toujours de donner le change. Après sa première chute de grâce, c'est à dire la première perte de la tranquillité supérieure dans laquelle il prétend être installé, il ne cessera de poursuivre cette tranquillité, en paroles ou en actions, sur ses deux niveaux, le bas et l'élevé. L'action peut se résumer ainsi: «tranquillité atteinte, perdue, regagnée» et la pièce se termine sur ces paroles d'Eugène:

> «Sus, entrons; on couvre la table;
> *Suivons ce plaisir souhaitable*
> *De n'estre jamais soucieux,*[9]
> Tellement même que les dieux,
> A l'envi de ce bien volage,
> Doublent au Ciel leur sainct breuvage.» (V. 5)

paroles qui font écho au début de la pièce.

On a vu qu'Eugène poursuit la tranquillité en actions et en paroles.   En effet, très souvent il semble croire qu'il suffit de dominer une situation en paroles pour la dominer en fait.   C'est sa grande foi dans le pouvoir du langage qui se manifeste ainsi, foi qui s'est déjà exprimée dans ses propos sur lui-même.   Entre son rêve et la réalité il ne fait pas la distinction que font les spectateurs.   Son amour-propre l'en empêche, et cet aveuglement ajoute évidemment au comique.   Il se trompe sur le vrai lieu de l'action, croyant que tout se passe en lui, puisqu'il n'y a vraiment que lui au monde. Mais le spectateur en est arrivé à démêler le vrai lieu de l'action qui a glissé depuis le début de la scène.   Ce glissement pourrait se traduire par le schéma suivant:

Expansion illusoire   :   la vie humaine, le monde
        ↓
Rétrécissement   :   Moi
        ↓
Expansion vraie   :   Moi = le monde
        ↓
Rétrécissement   :   le monde = Alix, Guillaume, etc.

C'est dans ce dernier lieu rétréci que se jouera toute l'action. Le mot «pisseuses» rejette l'action dans la réalité de la situation amoureuse; cela est marqué par un changement dans la façon de parler d'Eugène. Son ton satisfait et grandiloquent devient préoccupé et soucieux. Le spectateur le remarque, ainsi que Messire Jean qui dit:

> «Quoy? comment? d'où vient telle voix?
> Avez-vous receu quelque offense?»
>
> (I, 1)

sur quoi Eugène tout de suite se ravise: «non, non tout beau. . .» et il va parler de son amour en l'associant avec les guerres que Henri II menait près des frontières allemandes, association qui rehaussera son amour en réaction instinctive de son égo. Tout comme Henri II est parti en campagne

> «Amour. . .se meist en campagne
> Pour faire queste de mon coeur,
> Me venant d'un trait enflammer,
> Pour me faire ardemment aimer
> Ceste Alix, mignarde et jolie.»
>
> (I, 1)

Le parallèle amour-guerre n'est ni nouveau ni unique. La poésie amoureuse, d'Ovide aux troubadours, en offre de nombreux exemples. Au dix-septième siècle Madame de Lafayette commence ainsi son roman *La Princesse de Montpensier:* «Pendant que la guerre civile déchirait la France sous le règne de Charles IX, l'Amour ne laissait pas de trouver sa place parmi tant de désordres et d'en causer beaucoup dans son Empire.»[10] Ensuite toute l'oeuvre continue dans la même veine grave, et la métaphore, soutenue, exprime quelque chose de fondamental sur l'amour tel que le conçoit l' auteur, c'est-à-dire comme une source de désordres, de malheurs, d'anarchie émotionnelle. Dans *L'Eugène* l'association héroïque n'existe que dans la tête d'Eugène (où elle voisine avec l'association précédente à «pisseuse»!), elle n'exprime rien de vrai sur la nature de son sentiment pour Alix, elle est conventionnelle et superficielle et ne saurait être soutenue. L'abbé retombe donc tout de suite dans un langage bas. Entre l'allusion historique et la petite actualité, entre le langage poétique et le langage grivois il y a une tension dont Eugène ne se rend pas compte, mais qui fait rire le public. Quand il appelle Alix:

> «Bague[11] fort bonne et bien polie,
> Pour qui, ô serviteur fidelle,
> Tu me vaux une maquerelle»
>   (I, 1)

il démasque le bel amour qu'il aurait voulu nous présenter, et en établit la vraie norme érotique qui, loin d'être héroïque et courtoise, est anti-féminine, scabreuse et vénale.

Cela est clair quand Eugène révèle sa situation: il a fait épouser sa maîtresse par Guillaume «le bon lourdaut,» il a versé trois cents écus à leur établissement, et tout cela sous le faux prétexte, qu' il est très fier d 'avoir trouvé, qu'il est le cousin de la belle. Sa justification est émotionnelle: «du tout en elle je vi,» et courtoise: «luy voulant couvrir son honneur.» Par ces deux justifications il nie le principe selon lequel le Moi seul compte. Mais ses justifications sont fausses, et ce n'est en fait que son Moi qui parle encore, et, sous les prétextes, se fait valoir. Maître Jean de son côté ajoute la justification sociale, plus réaliste, et nous offre un petit aperçu des normes sociales en cours dans le domaine de la morale amoureuse:

> «Si fussiez allé chacun jour,
> Cependant qu'Alix estoit fille,
> Planter en son jardin la quille,
> A l'envi chacun eust crié:
> Mais, depuis qu'on est marié,
> Si cent fois le jour on s'y rend,
> Le mary est tousjours garend:
> On n'en murmure point ainsi.
> Et puis, en ceste ville-ci,
> On voit ce commun badinage,
> De souffrir mieux un cocuage
> Que quelque amitié vertueuse.»
>   (I, 1)

C'est là une norme bien bourgeoise, dictée par le souci du «qu' en dira-t-on»[12] et par l' avantage qu'on accorde au banal et au facile sur l'extraordinaire. Comme il oscille entre les images de l' amour et les façons d'en parler, Eugène oscille entre les normes élevées et basses de l'amour. Mais cette oscillation n'existe qu'en paroles, car en vérité l'image basse et le ton grivois sont la véritable expression de la norme amoureuse, qui est foncièrement bourgeoise, c'est-à-dire utilitaire, soumise au jugement public et à un code bien établi de convenances. La feinte et le mensonge y jouent un rôle essentiel, et dans ses relations avec Alix Eugène va porter le masque du cousin bienveillant, lui qui s'était piqué de n'avoir pas de liens de famille!

Nous en venons ainsi au thème de l'inquiétude sur lequel avait débuté la pièce. Eugène se fait des soucis

«Que Guillaume sente mon coeur
Avec les cornes de sa teste»
(I, 1)

et surtout que

«. . .ceste mignarde
D'aller autre part se hasarde.
Car ces femmes ainsi friandes
Suivent les nouvelles viandes.»
(I, 1)

Dans cette dernière phrase nous voyons à quel point ses relations avec Alix sont curieusement impersonnelles, à quel point il l' englobe dans son mépris général pour les femmes. Dans l'image il y a un renversement amusant: lui qui se nourissait de plaisirs, est devenu à son tour une bouchée pour une femme avide de jouissances; et c'est elle qui se chargera, plus loin, de feindre le cousinage quand «elle sent le cocu au bois.»

Suit une évocation lyrique de ses rendez-vous avec Alix, avec des interjections, dans le style précieux, de Messire Jean: «O dueil heureux,» «O doux martyre!». Nous sommes, avec Eugène, de nouveau dans un beau rêve courtois, d'où nous retombons à l'instant:

«Et, folastrant, elle rempoigne
Mes levres, qui font une trongne
Afin que d'elle elles soyent morses;
Et quant est des autres amorces,
Pense que peut en cela faire
Celle qui se plaist en l'affaire.»
(I, 1)

L'alternance perpétuelle entre l'image qu'Eugène voudrait imposer et l'image plus réaliste qui l'entraîne est encore une fois très claire. A la fin de la scène Eugène recommande à Messire Jean de rassurer Guillaume sur les bonnes intentions de l'abbé, et d'espionner Alix. Comme il avait paré à l'inquiétude métaphysique par une philosophie épicurienne, il va parer à l'inquiétude sordide par des moyens qui y sont assortis: le mensonge et l'espionnage dont il charge son chapelain. C'est donc, à la fin de cette scène, un renversement complet du début. Du domaine des idées pures nous sommes descendus dans la trivialité absolue. Cette descente a pu se faire graduellement, car elle était déjà inhérente au caractère d'Eugène, sans pourtant être attendue du public, de sorte que, alors qu'Eugène ne change pas mais se révèle, l'attitude du public change et se charge d'une curiosité amusée. Le mot «pisseuses» ouvre en quelque sorte les yeux du public sur un aspect jusque là inconnu d'Eugène. Ce mot produit un écho aussi dans l'abbé; ce n'est pas chez lui l'effet du choc mais un effet de familiarité (dont l'association). Les deux effets, choc et familiarité, l'un ressenti par le public directement, l'autre à travers Eugène, se combinent en un effet de surprise et aussi d'amusement rétrospectif, car une nouvelle lumière est maintenant jetée sur la première tirade d'Eugène. Le comique n'est donc pas purement linéaire, mais rétroactif, ce qui oblige le spectateur à une vraie participation dans la pièce, puisqu'il doit continuellement revenir au premier Eugène afin de sentir tout le poids du second.

Il y a également un comique que j'appellerais le comique du déplacement rapide. Le passage du domaine des idées abstraites et d'une nature utopique à un monde de plaisirs et de sensualité cossue, pour aboutir dans une situation dépouillée de tout pittoresque, puant le mensonge, la peur et la tromperie, laisse le spectateur essoufflé! La structure de cette première scène n'est donc nullement statique, mais au contraire très dynamique, et elle correspond au dynamisme du personnage qui est le produit de sa dualité et de ses tours de passe-passe psychologiques continuels. C'est le genre de comique qui tient des «lazzi» psychologiques.

On a parlé du comique d'incongruité comme étant le «fond» de la pièce. Dans le prolongement de cela se trouve le comique du monde à l'envers. Non seulement Eugène a rapidement créé et effacé le monde évoqué au début de la scène, mais le «vrai» monde qu'il construit «pour du bon» est une caricature pervertie d'un ménage bourgeois «normal.» Toute la pièce se ressentira de cette fausse normalité établie par Eugène. Dans la comédie la bonne norme doit triompher à la fin, l'obstacle qui menace la bonne société doit disparaître, et la bonne société, rétablie après cette élimination de l'ennemi, doit triompher et se montrer prête à se propager (cf. les nombreuses comédies finissant par des mariages).[13] Le but consiste donc à perpétuer la famille bourgeoise, saine et «normale.» Ici, la «famille» formée par Alix, Guillaume et Eugène n'en est pas vraiment une, l'obstacle (Florimond) n'appartient pas à une catégorie moralement différente. A la fin de la pièce, nous assistons en effet à un rétablissement, mais c'est la mauvaise norme qui est assurée. Au lieu d'un jeune ménage nous voyons une vieille liaison stérile qui traîne.

Le monde à l'envers est un topos courant à toute époque,[14] et pendant la Renaissance il sera utilisé souvent comme un moyen de critiquer la société (cf. Erasme, Rabelais, Breughel). «La famille à l'envers» est une critique de la famille bourgeoise qui ne peut pas maintenir ses normes idéales. Il n'y a jamais qu'un pas de l'original au renversé, car l'effet comique et critique tient justement à la proximité des deux termes. Dans la farce, nous pouvons voir la «mauvaise» famille, où règnent le mensonge et le cocuage, déchirée par les querelles interminables, mais il n'y a là aucune prétention que ce soit le bon ordre, la chose désirable qu'il s'agit de défendre de tout changement. Ce n'est pas là un monde à l'envers, mais un monde détérioré. Le comique réside alors dans le rabrouement ouvert de valeurs admises par les personnages et l'auteur, donc par l'univers théâtral particulier, autant que par les spectateurs. Dans *L'Eugène,* par contre, il n'y a aucune uniformité dans le jugement de valeurs. Eugène agit comme si tout était normal dans son petit ménage. Comme on l'a vu, il se vante de l'avoir si bien monté et se loue de ses motifs. Messire Jean, en assurant que la société de Paris préfère ce «cocuage» à «quelque amitié vertueuse,» donne à ce monde à l'envers un aspect vertigineux de normalité, en même temps qu'il en indique bien, par les mots dont il se sert, l'anomalie: la vertu est moins acceptable que le vice, voilà bien un état de choses renversé, et c'est «commun badinage»:[15] badinage, c'est à dire sottise, niaiserie; commun, c'est c'est-à-dire qui, malgré son caractère péjoratif, s'étend à toute une société.

Davidson College Library

Nous pensons ici au tableau de Breughel intitulé «Jeux d'enfants.» Comme le dit Wolfgang Stechow: «Children stand for adults, and it is the folly of adults that is chastized. . . . This is a panorama of folly rather than of childhood.»[16] De la sorte, dans *Eugène* nous voyons les dehors d'une famille où Eugène jouerait le rôle d'un bon père qui maintiendrait le jeune couple d'Alix et de Guillaume et le défendrait contre le mauvais intrus, Florimond, avec l'aide d'une bonne tante, Hélène, et d'un serviteur fidèle, Messire Jean. La réalité est bien différente, mais seul le spectateur s'en aperçoit. Pour Eugène, muni de son gros égo, sa réalité est la seule, et c'est dans cette première scène qu'il voudrait nous l'imposer. C'est la vision d'un monde renversé, monde qui paraît droit à ceux qui y vivent et à l' envers seulement à ceux qui l'observent. Le spectateur qui juge de tout ce qui est tordu dans ce qui se passe devant ses yeux, se trouve bien dans une autre catégorie de valeurs.

L'auteur, par contre, se situe sur un troisième plan, d'où il manipule le tout, crée le niveau théâtral et le niveau spectateur, et fait surgir le comique et la tension de la distance entre les deux. Il s'agit donc ici de trois niveaux, plutôt que d'un seul, comme dans la farce. Le rôle du spectateur est encore une fois plus important puisqu'il doit faire la distinction entre deux ordres opposés mais se ressemblant d'une façon inquiétante, d'autant plus que «le monde à l'envers» tire toute sa force satirique du fait qu'il se retrouve si souvent dans le monde normal. Le Paris dont parle Messire Jean est conforme à l'univers bâti par Eugène, mais il est conforme aussi à certains égards au Paris des spectateurs. Au topos du monde à l' envers s'ajoute ainsi par l'effet de la généralisation une sorte de miroir grossissant, ce qui comporte un certain comique d'exagération.

Une forme de comique très évidente se trouve dans le langage gaulois que l'on rencontre dans cette scène, et qui peut jouer un rôle structural, comme je l'ai montré pour le mot «pisseuses,» ou bien ne peut servir qu'à l'amusement le plus simple du public.

Finalement il faut mentionner comme un élément du comique la relation entre Eugène et Messire Jean dans cette scène. C'est une relation qui amuse parce que les participants créent un effet semblable à celui que créerait un duo d'acrobates parfaitement assortis, ou bien encore de chanteurs parfaitement accordés. L'un lance la balle, l'autre l'attrape, l'un chante sa partie, l'autre la reprend sur un autre registre. Shirley Ann Pope dit que «Messire Jean is. . .a foil to Eugène in that he describes a situation in realistic terms.»[17] C'est ce qu'il fait, certes, mais il fait plus. Il se fait le double d'Eugène, l'autre égo dont a tellement besoin l'égo gonflé de l'abbé, l'égo qui n'a d'autre fonction que de refléter et d'imiter un autre, dominant. Ainsi, Messire Jean est le symbole immédiat du pouvoir d'Eugène, et le symbole également de la médiocrité de ce pouvoir. Qu'il renchérisse sur les humeurs euphoriques de l'abbé, ou qu'il le rassure quand il descend parmi les rigueurs d'un monde prêt à le trahir, il semble ne vivre que par l'abbé, par une sorte de procuration, rêvant ses rêves, goûtant ses plaisirs, justifiant ses aberrations, sans rien souhaiter pour lui-même. Le comique dans cette pose, qui pourrait être touchante, vient de la servilité de l'imitation, de la complaisance et de la curiosité grivoise («Et quoy plus?», quand Eugène raconte son rendez-vous avec sa maîtresse) qu'il montre envers les aberrations d'Eugène. Il semble se plier à la norme égocentrique de l'abbé, et adopter pour lui-même la norme du serviteur parfait, mais le spectateur connaît déjà l'instabilité des normes du maître, et ne peut s'empêcher d' être sceptique envers celles du serviteur qui aime tant singer ce maître. En plus la norme du bon serviteur, le mythe de la dévotion gratuite et du service inspiré par la fidélité, sont minés à la fin de la scène quand Eugène dit:

> «Pour le loyer de ton office
> Je te voue un bon benefice.»
> (I, 1)

Ces mots introduisent l'importance de l'argent dans les relations entre les deux personnages, et le thème de la cupidité qui contribue à l'ambiance normative rabougrie de cette fin de scène. Et quand Messire Jean dit-derniers mots de la scène-:

> «Dés ores je prend tout sur moy»
> (I, 1)

le spectateur rit de voir l'affirmation d'un autre Moi. C'est la réduction finale de celui de l'abbé qui règnait suprême au début de la scène. Ainsi, au comique de la servilité et de l' imitation s'ajoute un comique de la trahison possible.

Cette première scène contient en germe tout le reste de la pièce. Tou va en effet sortir du noyau dynamique que constitue le Moi d'Eugène, et c'est cette scène qui révèle ce dynamisme qui réside dans les tensions, les jeux, les prétentions et les contradictions apparentes de ce Moi. La norme du Moi-L'Egoïsme-décide de l'ambiance normative de la pièce; ses expressions-la feinte, le masque, la prétention, le mensonge-en donnent le ton en même temps qu'elles proposent un exemple aux autres personnages; ses désirs-prétendus et réels-donnent le branle à l'action. La vraie adversaire de ce Moi ne peut être que Fortune, qui n'est en ce cas que l'expression de la volonté des spectateurs de voir Eugène humilié, ou du moins ébranlé. Dans la tragédie le Destin est extérieur aux protagonistes et aux spectateurs en ce sens qu'il surprend et accable les uns et semble intolérable aux autres; les uns sont victimes, les autres témoins impuissants. Dans la comédie, le spectateur est complice de la Fortune, et le protagoniste sera tout le temps en pour-parlers avec elle; l'un s'identifie avec elle, l'autre marchande. Ce sont des relations de familiarité, et non d'effroi, de compromis et non de désespoir.

Le lieu de l'action est aussi décidé par le Moi d'Eugène. C' est un lieu bourgeois (cf. schéma p. 32) mais que la bourgeoisie rejetterait comme tel, reconnaissant ainsi son caractère parodique et lui donnant sa valeur normative et comique.

Toutes les formes du comique ont d'ailleurs leur origine dans Eugène, ainsi que la structure de la pièce qui peut être vue comme une descente du Moi vers un autre Moi qui est son double, d'une situation vers une autre situation, dans un mouvement de glissade qui est exécuté et indiqué par l'axe changeant du langage. La structure peut être vue en même temps comme un jeu de formes qu'Eugène construit, détruit, reconstruit, et que Messire Jean reprend, rejette, reprend et déforme. Déformation, transformation, décrivent assez bien les opérations essentielles de la scène et de la pièce, et le caractère d'Eugène qui est incapable de voir clair. Son égo *doit* déformer et transformer les données de la vie pour se les approprier.

J'ai déjà mentionné plusieurs fois le rôle du public, et j' ai indiqué le côté actif de ce rôle. Mais il y a un côté passif aussi, car le public est aussi le sujet de la pièce dans la mesure où il appartient au même milieu bourgeois que l'abbé. Si le public se sent supérieur, ce ne peut être qu'une illusion, mais c'est une illusion nécessaire: sans elle le rire serait impossible. Sous cape du rire le spectateur peut accepter et même supporter son identité avec Eugène et les autres personnages, car le rire lui permet de ne pas formuler cette identité. Toute formulation passe dans le domaine où le spectateur est juge, et non accusé. S'il se juge lui-même en même temps qu'Eugène, il n'est pas obligé de s'en rendre compte. Ainsi cette première scène se présente, riche en indications normatives et esthétiques, et le spectateur est préparé à suivre et partager les conséquences de ces développements. A la fin de la scène, protagoniste et spectateur ne savent pas ce qui va arriver, et, dramatiquement, l'un est dans la crainte et l'autre dans l'attente amusée de voir cette crainte justifiée. Fortune n'a qu'à pousser les événements!.

Notes au chapitre II.

[1]C'est moi qui souligne ici, ainsi que dans les autres passages cités.

[2]Cf. Hugo Friedrich, *Montaigne,* (trad. R. Rovini, Paris: Gallimard, 1968) p. 79: «Epicure et son école se limitaient. . .à la culture de la personnalité sans entraves. L'épicurien. . .accuse parfois son principe de plaisir de façon provocante, comme s'il n' envisageait qu'un bas appétit de jouissance.»

[3]Cf. Susanne Langer, *Feeling and Form,* (New York: Charles Scribner's Sons, 1953) p. 252: «Poetry is not genuine discourse at all, but is the creating of an illusory «experience». . .; «poetic language» is language which is particularly useful for this purpose.»

[4]Cf. le style des «folâtries» de la Pléiade.

[5]Sur la survivance de l'esprit gaulois dans la Renaissance voir Chamard, *Les Origines de la Poésie Française de la Renaissance,* (Paris: De Boccard, 1932), 44-46, 56-63.

[6]Cf. Chamard, *Les Origines.* . . 51-56.

[7]Cf. Acte IV, scène 4.

[8]Cf. Marvin T. Herrick, *Comic Theory in the Sixteenth Century,* (Urbana: University of Illinois Press, 1964), p. 39.

[9]Cf. l'Epicurisme.

[10]Madame de Lafayette, *La Princesse de Montpensier,* dans *Romans et Nouvelles* (Paris: Garnier, 1963) p. 5.

[11]«Bague» d'apres Huguet (*Dictionnaire*) signifie «Femme.» Philibert Joseph Leroux, dans son *Dictionnaire comique satyrique, critique, burlesque, libre et proverbial,* (Lyon: 1753) renvoie au mot «anneau,» où nous

lisons: «Sig. dans le stile satyr. le nid où un galant cherche à pondre.» Dans le *Tiers Livre,* chap. 28, Rabelais raconte l'histoire de Hans Carvel, dont la morale est que «continuellement tu ayez l'anneau de ta femme on doigt.» (*Oeuvres Complètes,* Paris: Garnier, 2 vol., 1962. Vol. 1, p. 525.)

[12]Cf. N. B. Spector, éd. *Les Contens,* p. LIX.

[13]Cf. Northrop Frye, *Anatomy of Criticism* (Princeton: Princeton University Press, 1957).

[14]Cf. Ernst Robert Curtius, *European Literature and the Latin Middle Ages,* (Trad. Willard R. Trask, New York: Pantheon Books, 1953).

[15]«Badinage» d'après Huguet (*Dictionnaire*) veut dire «sottise, niaiserie, actions, pensées, paroles ou écrits où il y a de la sottise.»

[16]Wolfgang Stechow, *Bruegel,* (New York: Harry N. Abrams, Inc. 1969) p. 64.

[17]Shirley Ann Pope, «The Development and Evolution of Secondary Characters as Manipulators of Dramatic Action in French Comedy,» (Diss. University of Illinois, Urbana-Champaign, 1971), p. 63.

CHAPITRE III. FORTUNE ET SES INSTRUMENTS.

Dans *L'Eugène* Fortune fait sa première apparition dans le théâtre comique français de la Renaissance. Par «Fortune» il faut entendre la chance capricieuse et aveugle intervenant arbitrairement dans l'existence humaine. Le thème de Fortune est très répandu au moyen âge, à la fois dans l'iconographie et dans la littérature. Paul Oskar Kristeller dit que «In the moral thought of late antiquity, chance was given an important part in human affairs, and its power was even personified and worshipped as the goddess Tyche or Fortuna. During the christian Middle Ages, Fortuna remained pretty much alive, not as a goddess to be sure, but as an allegory and as an instrument of God.»[1] Il est vrai qu'à l'epoque médiévale Fortune est souvent placée dans un schéma d'ordre religieux, soit qu'on la considère comme l'antithèse de l'ordre divin, soit qu'on la conçoive comme la chance dominée par le pouvoir supérieur de la providence. Mais il ne faut pas généraliser l'assimilation du thème dans un contexte chrétien. François Villon, pour ne donner qu'un exemple, voit Fortune comme une force arbitraire et capricieuse.[2] C'est cet aspect qui domine l'interprétation de ce topos pendant la Renaissance. «In the Renaissance the power of Fortuna is again very often mentioned. She appears in emblems and allegorical pictures as well as in the writings of the period. Statesmen and businessmen hoped that this blind and arbitrary power would bring them success, and Machiavelli devoted some striking pages to the description of its role in history and politics.»[3] La Renaissance exploite tous les aspects de Fortune, y compris ce qu'elle peut impliquer d'incertitude, d'angoisse, autant que de surprises joyeuses et de découvertes gratuites. Il est vrai que beaucoup d'écrivains et de philosophes de la Renaissance ont voulu réagir contre cette idée de Fortune,[4] mais il est également vrai que l' idée est une caractéristique de l'épicurisme qui a marqué, entre autres, Jodelle,[5] et du «Carpe Diem» que l'on rencontre chez les auteurs de la Pléiade chez qui la joie de vivre va de pair avec une angoisse profonde envers le côté arbitraire de l'existence.[6]

> «Je n'ai jamais pensé que cette voûte ronde
>   Couvrît rien de constant.»

dit Joachim du Bellay dans les *Regrets* (III) et Ronsard dans *Pour la Fin d'une Comédie* lui fait écho:

«Il ne faut espérer être parfait au monde;
Ce n'est que vent, fumée, une onde qui suit l'onde
Ce qui était hier ne se voit aujourd'hui»

La notion de Fortune est présente, avec toute sa force originelle, dans les consciences et dans la littérature.

Dans la comédie, Fortune se présente sous son aspect le plus frivole, puisqu'elle se chargera de placer les personnages dans des situations momentanément embarassantes, gênantes et ridicules, au lieu de les écraser sous le fardeau d'une insécurité insupportable ou d'un destin inévitable. Elle précipite l'action, et le spectateur rit de voir les personnages qu'elle attaque déployer toute leur ingéniosité pour prendre le dessus. Ils essaient de la surpasser en finesse, ou de s'arranger avec elle, soit en consentant à un compromis, soit en la faisant entrer dans leur schéma à eux. Comme pour accentuer sa légèreté, Fortune se sert souvent de personnages qui sont en eux-mêmes comiques. Ainsi le combat avec Fortune dans la comédie apparaît au spectateur comme quelque chose qu'il ne peut pas prendre complètement au sérieux, et qu'il ne peut sûrement pas prendre au tragique. La gravité des personnages en proie à leurs inquiétudes est comique pour le spectateur qui reconnaît la petitesse de ces préoccupations et le ridicule des menaces et des dangers. Aux personnages le caractère arbitraire de Fortune n'apparaît que sous l' aspect de la mauvaise surprise, du malheur arrivé on ne sait comment ni pourquoi; le spectateur par contre se rend compte que cet arbitraire comporte déjà sa propre solution: puisque Fortune est essentiellement changeante et frivole et que rien n'est stable, les inquiétudes elles-mêmes sont passagères et donc peu sérieuses. Suzanne K. Langer dit très justement que: «There is no permanent defeat and permanent human triumph except in tragedy; for nature must go on if life goes on, and the world that presents all obstacles also supplies the zest of life. In comedy, therefore, there is a general trivialization of the human battle. Its dangers are not real disasters, but embarrassment and loss of face. That is why comedy is «light» compared to tragedy, which exhibits an exactly opposite tendency.»[7] C'est placer la comédie dans le domaine social plutôt qu' individuel. La catastrophe à craindre n'est pas la perte de la vertu, de l'honneur ou du salut, mais celle de l' estime publique, de la respectabilité extérieure ou d'un certain rang social. Le rythme de la comédie bourgeoise est le rythme d'une lutte mais d'une lutte qui n'a rien du combat avec l'ange. Elle n'engage que l' aspect social de l'homme, et elle jette dans le plateau de la balance des enjeux purement sociaux. L'argent, la situation, le prestige, le respect et l'admiration des autres sont vus comme désirables, ainsi que l'amour en tant que commodité ou établissement, c'est-à-dire sous la forme d'un mariage ou d'une liaison solides, avec des avantages matériels, plutôt qu'en tant que force émotive ou passion irrésistible. Dans la comédie la «trivialisation» de la lutte humaine est inséparable de l'intervention de Fortune. Par contre la tragédie exige la certitude d'une fatalité par laquelle les héros sont à la fois écrasés et agrandis. Dans la comédie règne l'incertitude de la chance qui est l'ambiance naturelle de la plupart des existences. Il est même possible de dire que la comédie bourgeoise est en partie le produit de la rencontre de vies ordinaires et de Fortune, de l'action exercée par l' imprévu, l'arbitraire, le hasard, sur des vies très «normales,» c'est-à-dire situées au niveau des expériences familières du spectateur. Le comique est inséparable de cette intrusion de Fortune dans un cadre bourgeois, de l'apparition de l'imprévu là où on l'attend le moins. L'illusion de la certitude, exprimée et renforcée par tout un ensemble de codes, de conventions, de rites et de contrats formant façade, va de pair, dans le cadre bourgeois, avec la réalité de l'incertitude, puisque même la façade la mieux construite risque toujours de craquer et de s'effondrer. Certitude illusoire et incertitude reélle constituent ainsi des marques caractéristiques de l' existence bourgeoise, et leur rencontre est une source de possibilités.

Dans *L'Eugène*, Fortune est présentée dès le début de la pièce. Eugène parle d'elle, il l'invoque comme une justification de lui-même et de sa quête du plaisir. Il est entièrement d'accord avec Messire Jean qui lui dit que:

> «Ce seroit une ingratitude
> Envers la fortune, autrement,
> Qui vous pourvoit tant richement:
> Car qui est mal content de soy
> Il faut qu'il soit, comme je croy,
> Mal content de fortune ensemble.»
> (I, 1)

Ici, Fortune est intégrée dans le mythe personnel d'Eugène, elle est l'image de son succès dans la vie. Elle est ainsi réduite par

Eugène à son propre niveau médiocre, elle est sa servante, une sorte de Messire Jean mythologique;

> «Fortune assez d'heur me rassemble
> Pour me plaire en ce monde ici,
> Esclavant en tout mon souci.»
>   (I, 1)

Eugène compare sa Fortune à celle des rois, des nobles, du peuple, tout comme il comparerait n'importe quelle possession à celle d'autrui, et se félicite de sa bonne chance d'avoir tiré le gros lot.

Il est intéressant de noter à ce propos que, pour l'Entrée de Henri II à Paris (Juin 1549) les décorations conçues par Jean Martin, ami de Ronsard et de Joachim du Bellay, comportaient, entre autres, à la fontaine du Ponceau, «trois figures. . .les trois Fortunes: celle du roi, des nobles, du peuple.»[8] Jodelle a dû connaître ces décorations, et il a très bien pu s'en souvenir quand il a voulu présenter, dans *L'Eugène*, un homme apparemment en dehors du système social complet que représentaient les décorations.[9] En réalité, il est pris dans le système comme tout le monde, et la place qu'il y occupe est même franchement médiocre. Mais c'est justement parce qu'il ne se rend pas compte de sa médiocrité spirituelle et matérielle qu'Eugène va réduire tout ce qui le touche à un niveau médiocrement bourgeois.

Dans cette comédie nous voyons déjà apparaître les traits qui caractériseront le personnage bourgeois tel qu'il se généralisera dans la littérature: une médiocrité qui réduit et rapetisse tout ce qui l'entoure, accompagnée d'un aveuglement total sur soi-même et de prétentions illimitées.

L'évocation de Fortune joue dans la première scène de *L'Eugène* un double rôle. C'est d'abord un procédé comique, car, en parlant de Fortune comme il le fait, Eugène met en lumière, sans le savoir, sa vantardise et sa suffisance, ce qui prête à rire. Et c'est aussi, vu la façon dont Fortune est présentée, une vision spécifique qu'Eugène a du monde et de l'existence, un exemple de la norme bourgeoise. Cet embourgeoisement de Fortune met en valeur l'embourgeoisement de la norme qui domine la pièce, et crée ainsi sur la scène française l'archétype d'un personnage qui continuera à la hanter. En effet, nous continuerons de rencontrer dans la comédie ces constantes du personnage bourgeois: il diminue tout, il contamine tout de sa banalité foncière, et il est à son tour la proie des prétentions les plus stupides.[10]

A ces éléments s'ajoute toujours un autre, à savoir la peur. Eugène peut se sentir content de lui, mais l'incertitude qui accompagne inévitablement cette satisfaction le ronge sous ses dehors heureux. Cette incertitude est perçue à la fois par Eugène et par le public, mais alors que pour l'abbé elle est encore très vague et l'enduit même en erreur puisqu' Eugène a peur du mari, et ce n'est pas de lui que viendra la menace, le public voit bien ce que la situation a d'explosif. Instruit par son expérience archétypale le public frissonne à l'évocation si étourdie de Fortune. Il est convaincu que cette déesse aura sa revanche et punira le présomptueux. C'est Messire Jean qui se fait le porte-parole du public:

> «Ainsi, Dieu m'aime, on voit ici
> Maints aveuglez, qui sont ainsi
> Que les flots enflez de la mer,
> Qu'on voit lever, puis s'abysmer
> Jusques au plus profond de l'eau.»
> (I, 2)

Messire Jean expose la sécurité trompeuse et l'aveuglement de l'abbé, et le public a le pressentiment qu'un désaveuglement ne manquera pas de suivre. Aveuglement-désaveuglement: voilà bien le rythme nécessaire que Fortune impose à la comédie, rythme qui aboutit tout aussi nécessairement à un apaisement. A la fin, il y a toujours un retour à un certain aveuglement, car sans cela le personnage ne supporterait pas son existence et l'homme comique cesserait d'être comique.

Dans la première scène du premier acte le public a assisté au spectacle du personnage, Eugène, qui se construit. Dans cette deuxième scène, le monologue de Messire Jean, nous voyons le côté illusoire de cette construction clairement exposé. Parlant de «maints aveuglez,» parmi lesquels il compte son maître, l'enfonçant ainsi dans une masse, lui qui se croyait si unique, Messire Jean dit:

> «Ceux-ci se fichans au cerveau
> Un contentement qu'ils se donnent,
> Dessus lequel ils se façonnent
> Le pourtrait d'une heureuse vie,
> Voyent soudain suivre l'envie
> Du sort bien souvent irrité,
> Rabbaissant leur félicité.»
>   (I, 2)

Les quatre premiers vers de ce passage accumulent les expressions qui indiquent que le bonheur d'Eugène-sa raison d'être et le sujet de tous ses efforts-n'existe que dans son imagination, n'est qu'une illusion sans aucune attache avec la réalité, construite de toutes pièces à partir de son égoïsme: «*se* fichans» «*se* donnent,» «*se* façonnent,» «pourtrait,» indiquent que tout se passe dans le cercle hermétiquement clos d'un égo qui ne se nourrit que de ses propres fantasmes.   L'homme aveuglé imagine sa vie, il confectionne son bonheur, ou plutôt l'image-le «pourtrait»-de son bonheur, mais cette image n'a aucune vraie consistence, ne repose sur rien.   Quand Messire Jean accuse Eugène d'un «follastre contentement» (p. 23), quand il l'appelle «fol masqué d'un visage grave» (p. 25) et «ce sot, ce messer coyon» (p. 25) il manifeste dans ces insultes un acharnement qui correspond à l'irritation du spectateur envers la bêtise de l'abbé. Messire Jean se fait aussi le héraut de Fortune, en exposant la vraie situation d'Eugène.   Aux craintes vagues de l'abbé qu' Alix ne lui soit infidèle, Messire Jean substitue la réalité brutale:

> «Alix, dy-je, plus grand putain
> Qu'on puisse voir en aucun lieu,
> Et qui veut sans crainte de Dieu
> Se bastir aux cieux une porte,
> Par l'amour qu'a tous elle porte,
> Exerçant sans fin charité»
>   (I, 2)

Après cet exposé cynique Messire Jean précise le danger:

> «Assez long temps elle a esté
> A un Florimond, homme d'armes,
>
> . . . .
>
> Jusques à ce camp d'Allemagne
> Pour lequel se mist en campaigne.»
>   (I, 2)

Il y a là un écho ironique de la première scène: la coincidence des débuts amoureux d'Eugène près d'Alix avec le début de la campagne allemande paraît à présent moins comme l'effet d'un hasard poétique et héroïque, que comme le résultat d' un calcul cynique de la part d'Alix, qui a dû se trouver sans protecteur après le départ de son amant pour l'armée. Le public se rend compte que le bonheur d'Eugène est illusoire, et qu'il est comme un engin à retardement qui peut éclater d'un moment à l'autre: celui qui est parti peut revenir. Messire Jean expose ainsi la vraie situation de l'abbé, et en même temps il se démasque lui-même. Il se fait le complice de la réalité brutale, il ricane de ce qui détruit son maître, tout en prétendant croire à la belle image qu' Eugène se crée de lui-même:

> «S'il dit ouy, je dis ouy:
> S'il dit non, je dis aussi non:
> S'il veut exalter son renom
> Je le pousseray par ma voix
> Plus haut que tous les cieux trois fois.»
> (I, 2)

Et pourquoi tout cela?

> «Ainsi je fais un ameçon
> Pour attraper quelque poisson
> En la grand'mer des bénéfices»
> (I, 2)

Le comique de la trahison possible, indiquée à la fin de la première scène, éclate ici et s'actualise. Les «morgues» (p. 25) de Messire Jean sont la première vengeance de Fortune. Mais ce n'est qu'au deuxième acte qu'apparaîtra son instrument définitif: Florimond, de retour de l'armée.

Que penser du choix de ce personnage comme antagoniste de l'abbé? Dans ses notes aux *Oeuvres Complètes* Enéa Balmas suggère qu'il y a là «un écho affaibli du «débat». . .traditionnel entre le clerc et l'homme d'armes, débat qui se conclut toujours à l'avantage du premier.» En plus il dit que cette situation-une amoureuse ou la femme d'un soldat comblée par un amant moins heroïque mais présent-peut sembler très actuelle en temps de guerre.[11] Il n'est pas nécessaire d'exclure ces possibilités qui ont pu contribuer à former le personnage; n' émpêche que le choix de Florimond comme antagoniste d'Eugène s'insère tout naturellement dans la structure de la pièce. Florimond se présente comme un double de l'abbé à beaucoup d'égards. Comme lui, il se construit devant le spectateur, pour se détruire inconsciemment par la suite (répétant ainsi l'opération de base dont Eugène a donné l'exemple, et prolongeant la chaîne d'illusions essentielle dans la comédie). L'un se présente comme un être supérieur, un philosophe, libre et détaché des contraintes dans lesquelles les autres hommes se débattent, l'autre comme un «Miles Gloriosus,» sortant d'une aventure extraordinaire, supérieur aux citoyens qui mènent une vie molle mais banale. Tous les deux, ils se veulent et se voient différents du commun des mortels. Ils se créent eux-mêmes d'après une image idéalisée: celle du sage, planant au-dessus de la bassesse quotidienne, celle du soldat héroïque. Mais l'image s'écroule au contact de la réalité, et le public voit que les deux héros sont sujets aux mêmes inquiétudes, aux mêmes envies, aux mêmes convoitises que n'importe qui. Dans un article intitulé «Le pitre épique» Carlo François dit ceci à propos de Rodomont, le «Capitaine» des *Contens* d'Odet de Turnèbe: «. . .il a deux personnalités dont l'une est noble, glorieuse, désirable, tandis que l'autre se montre ignoble, vulgaire et méprisable.»[12] On pourrait dire la même chose de nos deux héros: ils ont chacun deux personnalités, l'une voulue et rêvée, l'autre vécue et subie. Il y a une certaine ironie dans le fait qu'Eugène est destiné à être rabaissé par cet autre lui-même, Florimond. Dans le choc entre ces deux égoïsmes, ces deux supériorités, il y a une sorte de justice poétique. Ainsi, le personnage de l'abbé semble appeler et provoquer celui du soldat, et le parallélisme entre ces deux pitres, le sage et le militaire, contribue à dégager la structure de la pièce. Voilà qui explique le choix du personnage de Florimond. D'ailleurs puisque Florimond, en tant que soldat, est soumis aux hasards de la guerre qui peuvent le mener arbitrairement par ci, par là, il est visiblement fait pour se mettre au service de Fortune, elle-même velléitaire et inconstante.

Enéa Balmas voit tout le deuxième acte «comme une sorte de long intermède consacré à l'actualité militaire.»[13] Il situe très précisément le contexte historique, militaire et politique de cet acte dont le texte offre tant de détails concernant la campagne allemande de Henri II pendant l'été 1552.[14] L'acte constituerait de la sorte un «hors d'oeuvre» n'ayant que des attaches fort minces avec la pièce dans les scènes 3 et 4, et l'intérêt pour le public résiderait surtout dans les allusions aux réalités contemporaines. Il est certain que le public s'y intéresse, et c'est là un exemple frappant de l'abolition des distances entre le joué et le vécu, mais cette abolition a une valeur qui dépasse l'intérêt de l'actualité, à savoir une valeur normative et structurale. De cette façon l'abolition de l'illusion dramatique est illusoire (comme elle doit d'ailleurs toujours l'être): le vécu devient le joué, et sera donc transformé, déformé, «théâtralisé.» Cela est d'autant plus le cas que l'actualité prend la figure d'une guerre, qui ne peut pas être montrée, mais racontée seulement. Cette convention de la scène contribue à maintenir une distance que le sujet d'actualité prétend annuler et rehausse l'aspect théâtral plutôt que l'aspect réel de la guerre. En transportant ainsi à la scène des événements militaires qui ont en eux-mêmes de la grandeur et de l'importance Jodelle les fait entrer de force dans un cadre très restreint, il leur enlève leur portée historique: la seule importance qui leur reste est d'avoir fait le jeu de Fortune en ramenant Florimond à Paris. Son départ a favorisé les amours d'Eugène, son retour va les menacer: voilà toute l'importance de la guerre. Cette réduction frappante d'un fait historique illustre cruellement la norme bourgeoise, qui veut que seul compte ce qui touche immédiatement l'individu et son intérêt. Les événements les plus extraordinaires perdent de leur épaisseur, de leur réalité, et deviennent de simples choses dites, et dites dans un but très spécifique: glorification ou justification du narrateur. Du long monologue de Florimond au début du deuxième acte Balmas dit que «sono sentimenti tipici dell'uomo d'armi, e l'intonazione pare sincera»;[15] il parle de «mâles accents guerriers,»[16] et il voit tout cet épisode s'insérant «dans un débat plus vaste, opposant le parti qui souhaite, à travers la continuation des opérations militaires, la reprise de l'interminable guerre contre Charles V, au parti qui veut ménager l'empereur et préconise partant l'abandon de la guerre générale, et notamment les aventures italiennes.»[17] Cela suppose dans ce monologue des accents bien sérieux, une norme morale bien soutenue. Or, l'élément de parodie y est trop poussé pour admettre la présence d'une norme élevée. A la condamnation des anciens soldats qui ont oublié à Paris leurs anciennes prouesses pour se jeter dans les plaisirs et s'abandonner aux enchantements du luxe, se mêle un accent de jalousie: Florimond ne serait que trop content de s'adonner aux vices qu'il dénonce. Il se montre vraiment «à deux personnalités» ici, et le spectateur s'amuse de cette dualité qui enlève tout crédit à ses paroles. En plus, son

aspect de capitaine fanfaron renforce la norme-égoïsme, vanité-de
la pièce. Quand il déclame dans une rue de Paris:

> «Mais quoy? comment? où est l'enseigne,
> Où est la bataille qui saigne
> De tous costez, en sa fureur?
> Où sont les coups, où est l'horreur,
> Où sont les gros canons qui tonnent,
> Où sont les ennemis qui donnent
> Jusques aux tentes de nos gens?»
>   (II,1)

il est difficile de le prendre au sérieux. Toute sa tirade est un
mélange confus où il évoque tour à tour «la pompe inutile» de
Paris et la «face guerrière»; le velours, le satin, l'or, et les rigueurs
de la vie militaire; les «molles rencontres» et «ce flux de sang
qui feist outrage.» Les deux thèmes-luxe de la vie dans la
capitale, dureté de la guerre- sont entrelacés de la façon la plus
intime, et, alors qu'il exhorte d'invisibles compagnons en leur
criant «Quittons l'amour, laissons le bal» (p. 33), il se propose
aussi

> «D'aller avec ma bonne Alix
> Esprouver le bransle des licts.»
>   (II, 1)

Les «mâles accents guerriers» dont parle Balmas sont donc dilués
par des mots évoquant les douceurs de la vie sensuelle, et le
vocabulaire ronronnant de la gloire militaire glisse à la langue
basse des plaisirs faciles.

Tout cet «intermède» n'est donc pas une digression, mais
joue un rôle normatif important. Nous y trouvons l'écho des
normes établies par Eugène au premier acte. Par ce fait l'épisode
se situe dans l'axe structural de la pièce; Florimond exécute ici
les mêmes manoeuvres de transformation et de déformation
qu'Eugène a accomplies dans la première scène du premier acte,
et le parallélisme entre les deux personnages donne une solidité
et une cohésion à la pièce. Un effet comique résulte de ce
parallélisme: le public voit ces deux héros également vantards
s'acheminant vers une collision, et en plus il connaît exactement-
ce qu'ils ignorent encore, comme ils ignorent aussi l'existence
l'un de l'autre-le lieu de l'impact: Alix. Sur Alix le public en

sait également plus long que l'abbé ou Florimond: Messire Jean l'a eclairé, et la troisième scène du premier acte, où Alix embobine son mari, a donné un exemple pratique des qualités et des talents de la belle. L'aveuglement des héros sur eux-mêmes est renforcé aux yeux des spectateurs par leur aveuglement concernant leurs circonstances. Il est également plaisant de voir l'ingénieuse invention de Fortune: son caprice s'exerce sur l'abbé à travers ce personnage médiocre et qui lui ressemble tant: c'est comme s'il allait avoir une Fortune à sa taille, et être puni de sa présomption, sa bêtise et sa vanité par ces défauts mêmes.

Pourtant, si les antagonistes se ressemblent, il y a des différences fondamentales entre eux dans la façon dont ils sont placés devant le public, et ces différences éclatent non pas dans les personnages mêmes, mais plutôt dans ceux qui les entourent et qui sont les projections de leur personnalité et les expressions de leur effet esthétique sur le public.

Ainsi, Eugène est montré entouré de Messire Jean, personnage déloyal et désagréable qui ne lui est attaché que par intérêt, et par Alix dont la fourberie a été bien démontrée. Le public, qui n'a pas beaucoup de sympathie pour l'abbé, se voit justifié par l'attitude de ses satellites envers lui, et consent à la condamnation que cette attitude implique, d'autant plus qu'Eugène n'est nullement un innocent entouré de loups, mais un prétentieux qui mérite sa punition.

Florimond, par contre, arrivé de la guerre, bénéficie de circonstances atténuantes, et il n'est pas sophistiqué comme l'abbé. Plutôt, il fait montre d'une certaine innocence.[18] Naïvement il s'étonne devant Paris et s'indigne de ce qu'il y voit:

> «Ores que je suis de retour
> J'ay consumé quasi ce jour
> A contempler en ceste ville
> De plusieurs la pompe inutile.»
>
> (II, 1)

Son évocation de la guerre est en partie due à un besoin de s'accrocher à un monde plus familier où il avait une dignité et une importance qu'il n'a pas dans cet endroit qui semble indifférent à ce qui se passe au camp, où il paraît mal vêtu et peu à la page. Son désir mal caché de profiter à son tour des douceurs de

Paris a quelque chose de naïf également. Il a déjà acquis la sympathie du public parce qu'il va jeter des bâtons dans les roues d'Eugène-c'est-à-dire en tant qu'instrument de Fortune-et cette sympathie sera nuancée et enrichie par une bienveillance mi-amusée mi-indulgente envers ce personnage un peu enfantin.

Tout cela est renforcé encore par le serviteur de Florimond, Arnault. Il répète les sentiments de son maître, se servant de paroles plus simples. Comme Florimond il est ébloui de ce qu'il voit à Paris:

> «Paris, ville mignarde et belle,
> Me semble une chose nouvelle.»
> (II, 2)

Il se rappelle, lui aussi, les duretés de la guerre, mais il les peint dans leur effet pratique plutôt que dans leur apparence héroïque. Ainsi il se souvient du froid

> «Dont le souvenir maintes fois
> Me fait souffler dedans mes doigts.»
> (II, 2)

Il a l'intention de se récompenser des rigueurs de l'armée avec

> «. . .tant de pisseuses
> Qui se font rembourrer leur bas,
> Promettant que je n'auray pas
> Le deffaut que j'avois au camp»
> (II, 2)

et il admet que:

> «Mais, au fort, en si grand ahan
> Je n'en avois pas grand envie.»
> (II, 2)

Il épouse fidèlement les intérêts de son maître, et prend son parti contre les Parisiens jouisseurs et parasites: qu'il appelle:

> «. . .ces petits mugeteaux
> . . .ces babouins advocasseaux
> . . .

Ces petits muguets citadins,
Ces petits brouilleurs de finances»
(II, 2)

Il proclame les droits supérieurs des militaires, posant ainsi des normes pour l'état, et surtout consolidant l'égo de son maître:

«Il me semble que c'est à eux
Qui n'ont point esté paresseux
De maintenir le droit de France
Opposant leur vie à l'outrance
De ces aiglons impériaux,
Après tant et tant de travaux,
D'avoir pour rafraichissement
En volupté contentement.
Non pas à ces pourceaux nourris
Dedans ce grand tect de Paris.»
(II, 2)

Il justifie son maître, et le glorifie aux dépens de la population civile, préparant ainsi la colère de Florimond contre Eugène. Il donne aussi à Florimond des nouvelles très détaillées de la guerre, et de nouveau cet «interlude» militaire n'est pas une digression, mais a une importance normative: renforcer les rapports entre Florimond et Arnault, ce qui crée une image de Florimond, et une importance structurale: évoquer un certain monde du capitaine, dont il sort pour se jeter dans le réseau d'intrigues entourant Alix, ce qui souligne encore une fois l'élément de base de la structure, à savoir la transformation. Le langage militaire n'et pas, dans ce dialogue, grandiloquent et exagéré comme il l'était quand Florimond discourait seul (se laissant aller à ses rêves). Des détails précis sont donnés: le passage du Rhin par Charles V, ainsi que la possibilité d'un siège de Metz et d'une bataille pour Thionville.[19] Tout cela engage le spectateur dans l'autre dimension qui donne aux faits et gestes de ces deux soldats une ouverture que les activités d'Eugène, complètement replié sur lui-même, ne possèdent pas. Le public est attiré dans l'orbite de ces militaires, il se met momentanément de leur côté, et il épouse ainsi leurs normes concernant ce qui est dû aux soldats; encore une fois il se trouve de connivence avec Fortune contre Eugène. Finalement les faits de la guerre qui ont amené Florimond sur la scène vont éventuellement l'en éloigner: Arnault annonce que tous les soldats pourraient bientôt être rappelés aux armes, et Florimond se lamente que

> «Les plaisirs qu'Alix ma mignonne,
> Quand je suis à Paris, me donne,
> A ceste fois me seront cours.»
> (II, 2)

Ainsi la guerre sert de signe extérieur au 'caractère velléitaire et inconstant de Fortune.

Entre Florimond et son serviteur il semble y avoir des rapports aisés, amicaux. Florimond taquine Arnault:

> «Un docteur n'en diroit pas tant:
> As-tu tant l'eschole suivie?»
> (II, 2)

et celui-ci admire son maître:

> «Vous sçavez le tout mieux que moy»
> (II, 2)

Il y a entre eux une camaraderie de frères d'armes qui crée une loyauté réelle. Cette communauté d'expériences, démontrée dans leurs propos sur la guerre, n'existe pas entre Eugène et Messire Jean. L'intérêt constitue le seul lien entre eux: il n'y a pas question d'amitié, il n'y a pas de vrai rapport entre eux, sauf celui, nécessairement faussé, de subordonné à supérieur.

A la fin de cette scène (II, 2) nous nous rappelons la fin de la première scène du premier acte où Eugène commande à Messire Jean d'observer Alix pour voir si elle est fidèle, et lui promet de grands bénéfices s'il remplit bien cette charge. Florimond demande le même service à Arnault, mais sans aucune promesse: cela n'est pas nécessaire entre eux. Tout comme Messire Jean a répondu: «Dès ores je prend tout sur moy» (I, 1) Arnault déclare:

> «. . .Laissez faire,
> Reposez vous de ceste affaire,
> J'espere encor de faire mieux»
> (II, 2)

Mais aucun monologue ne viendra détruire l'impression du spectateur qu'Arnault est totalement loyal. Aucune trahison possible n'est indiquée, et l'effet esthétique final du couple Florimond-Arnault en est un de deux compagnons assez naïfs et ridicules mais somme toute sympathiques. Quand, à la fin de la scène, Florimond déclare qu'en attendant les résultats de l'enquête d'Arnault il ira se promener à Notre Dame, et qu'Arnault dit que c'est à une bonne idée

> «Car c'est le lieu ou se retire
> L'amant qui, serf de son martyre,
> Fait maint regret, comme main tour.»
>   (II, 2)

le spectateur voit dans cet échange entre l'amoureux transi et le serviteur complaisant et gentiment moqueur encore une preuve de leurs rapports harmonieux et désintéressés.

La scène 3 appartient à l'axe normatif de l'acte II en jetant encore une autre lumière sur Florimond. Hélène, la soeur de l'abbé, qui a jadis aimé Florimond mais qui, à cause de son manque de complaisance concernant «le dernier point» (II, 3) l'a vu aller vers Alix, plus consentante, ne dit absolument rien de désagréable de ce soupirant qui l'a pourtant délaissée. Toute sa colère est dirigée vers Alix qu'elle appelle «ceste maraude, ceste caigne,» et elle ne montre aucune rancune envers Florimond. Au contraire, elle s'indigne à son compte qu'Alix l'ait trompé avec Eugène. Tout cela montre Florimond comme quelqu'un qui mérite l'affection et la constance: il n'a pas seulement une Alix dans sa vie, il a aussi une Hélène. Cela ne peut manquer d'enrichir l'effet esthétique de Florimond sur le public.

La scène 4 qui nous montre Hélène initiant son frère au danger qui le menace introduit définitivement Fortune dans l'action de la pièce, et appartient ainsi à son axe structural. Elle joue également un rôle normatif. Nous y voyons les premières réactions d'Eugène à ce qui lui arrive. Fidèle à son personnage double d'homme supérieur et sage et de petit bourgeois médiocre il réagit d'abord d'une façon grandiloquente, jouant les héros tragiques:

> «O grand ciel, que t'ay-je forfait?
> Veux-tu faire si brave coeur

Esclave de quelque malheur?»
(II, 4)

Ensuite il devient nettement vulgaire:

«Ha maugré bieu de la putain
. . .
A a, vertu bieu, c'est bien chié»
(II, 4)

pour se resaisir de nouveau et même s'excuser de son laisser-aller:

«L'amour et la douleur extreme
Me font absenter de moy-mesme»
(II, 4)

La fortitude d'Hélène fait ressortir la faiblesse et la lâcheté de son frère, et la façon dont elle parle de lui en sa présence accentue le mépris qu'elle a pour lui:

«Voila un brave homme d'Eglise»
(II, 4)

Elle se charge de tout et fait face aux difficultés, les minimisant pour appaiser son frère qui a complètement perdu le Nord à cette première escarmouche avec Fortune.

A la fin de l'acte II l'image normative que le spectateur avait d'Eugène a été renforcée, Fortune s'est montrée sous la forme de ses représentants et déjà elle est passée à l'attaque. En plus, le lieu du conflit que Fortune a choisi est devenu clair: c'est Alix, le personnage-problème, tandis qu'en Hélène se dessine déjà le personnage-solution: c'est elle, plutôt que l'abbé, qui confrontera d'abord Fortune et essayera de conclure un pacte avec elle, et qui ensuite s'effacera pour qu'Eugène puisse faire exécuter ce pacte.

Notes au chapitre III

[1]Paul Oskar Kristeller, *Renaissance Thought II. Papers on Humanism and the Arts.* (New York: Harper Torchbooks, 1965), p. 58.

[2]Voir, par exemple, *Le Testament XIX, Poésies Diverses XII.* (Thuasne, éd., *Oeuvres de François Villon,* Paris: Picard, 1923, 3 vol.; vol. 1, p. 181, p. 288.)

[3]Kristeller, *Renaissance Thought,* p. 58.

[4]Kristeller (*Renaissance Thought,* 58-60) mentionne ces essais de réaction, tels que la croyance dans une fatalité inexorable, dans le système rigoureux de l'astrologie, ou dans la doctrine théologique, aussi bien que les efforts des stoïciens et d'autres penseurs pour affirmer l'autonomie morale de l'homme en lui trouvant des moyens de vivre librement tout en surmontant l'arbitraire.

[5]«Le poète Jodelle vécut et mourut. . .en épicurien» dit A. Renaudet dans *Humanisme et Renaissance,* (Genève: Droz, 1958), p. 257.

[6]Voir: Jean Charles Payen, *Les origines de la Renaissance,* (Paris: Société d'Edition de l'Enseignement Supérieur, 1969), p. 67. et D. Ménager qui dit dans son *Introduction à la vie littéraire au XVIe siècle* (Paris: Bordas-Mouton, 1968) p. 66: «Le seizième siècle a fait vivre-ou survivre - beaucoup de dieux et beaucoup de nymphes. Il semble avoir goûté avec passion tout ce que l'antiquité lui enseignait: l'extase de vivre et peut-être aussi l'angoisse de vivre.»

[7]S. K. Langer, *Feeling and Form,* p. 349.

[8]Voir: *Les Fêtes de la Renaissance,* études réunies et présentées par Jean Jacquot, (Paris: Editions du Centre National de la Recherche Scientifique, 1956), l'article de V. L. Saulnier: «L'Entrée de Henri II à Paris et la révolution poétique de 1550» (31-59). P. 47.

⁹De même V. L. Saulnier et Edouard Bourciez dans *Les moeurs polies et la littérature de Cour sous Henri II* (Paris: Hachette, 1886) font un rapprochement entre un autre élément de ces décorations et les dernières lignes de *La Deffence et Illustration de la Langue Française* de Joachim du Bellay, où il est question de l'Hercule gallique.

¹⁰Evidemment, il y a des personnages bourgeois qui représentent la bonne norme, ainsi, par exemple, dans *Le Misanthrope* de Molière, Philinte incarne la sagesse et la modération.

¹¹Balmas (*Oeuvres Complètes*, 2, p. 437). parle d'une Folastrie de Ronsard où un personnage est supplanté dans l' affection de son amante par le retour inopportun de deux soldats aventuriers. Balmas pose la question si Jodelle s'est inspiré de Ronsard pour son Eugène, ou bien si Ronsard s'est servi du modèle de l'abbé amoureux de Jodelle. *Le Livret des Folastries* de Ronsard ne paraît qu'en Avril 1553, mais Balmas suggère que cette Folastrie, la première des huit, ait dû être composée en 1552, et ait pu être circulée sous forme manuscrite.

¹²Carlo François, «Le pitre épique» (*Revue des Sciences Humaines,* 35, no. 139, Juillet-September 1970, 349-367) p. 351. Voir aussi: Daniel C. Boughner, *The Braggart in Renaissance Comedy,* (Minneapolis, The University of Minnesota Press, 1954).

¹³Balmas, *Oeuvres Complètes*, 2, p. 438.

¹⁴Balmas, *Oeuvres Complètes*, 432-433, *Un Poeta del Rinascimento francese, Etienne Jodelle, La sua Vita. Il suo Tempo* (Firenze: L. Olschki, 1962) P. 196ss.

¹⁵Balmas, *Jodelle, Un Poeta*, p. 231.

¹⁶Balmas, *Oeuvres Complètes*, 2, p. 438.

¹⁷Balmas, *Oeuvres Complètes*, 2, p. 439.

¹⁸Cette innocence est une variante de l'inadaptation du «miles» à la réalité, dont parle Carlo François dans «Le pitre épique» p. 365.

¹⁹Pour les détails concernant les événements militaires évoqués dans cette pièce, voir: Balmas, *Jodelle, Un Poeta*, chap. v.

CHAPITRE IV. LES PERSONNAGES FEMININS.

Les deux personnages féminins jouent chacun un rôle important dans l'*Eugène*. Alix est le personnage problématique, le lieu et le centre du conflit. Ses attributs normatifs donnent au conflit son caractère et sa valeur. Hélène, par contre, est le personnage qui apporte la solution. Son caractère et ses normes en déterminent la nature. Il y a entre les deux femmes une tension, créée par leur rôle et par leurs liens avec Eugène et Florimond. Ces liens existent déjà au moment du lever du rideau, de sorte qu'Alix et Hélène sont intégrées, dès de début, dans l'univers de la pièce. Alix était la maîtresse de Florimond, elle est à présent celle de l'abbé. Hélène était jadis aimée par Florimond, et elle est la soeur d'Eugène. Le caractère de ces liens indique nettement le niveau normatif des deux femmes: Hélène, respectable et munie d'un frère appartenant au clergé, est «bonne»; Alix, connue pour sa promiscuité et déterminée en raison de ses relations amoureuses avec plusieurs hommes, est «mauvaise.» Il reste à voir si ce jugement normatif sera nuancé au cours de la pièce.

Le personnage d'Alix est, comme les critiques l'ont fait remarquer, très proche du personnage traditionnel de la femme mariée de la farce. Mais il s'agit moins d'une survivance que d'un prolongement. Le personnage de l'épouse galante et délurée est encore très répandue en France au seizième siècle, et correspond à un courant anti-féministe qui se prolonge jusqu'aujourd' hui; d'autre part elle correspond aussi à une réalité contemporaine. Parlant du mariage au seizième siècle Lula McDowell Richardson dit que «any student of manners and customs during the Renaissance is well aware of the general attitude towards marriage. . . . It was above all a social state, one prescribed by the necessities of economic life and established on a commercial basis.»[1] Il n'y avait donc aucune liberté de choix de la part de la femme, elle dominait très peu son destin; par contre, «there was however little restraint upon the young wife, who seldom hesitated, when occasion offered, to break her marriage vows.»[2] Cela implique une sorte de revanche de la part de la femme, une revendication d'une certaine liberté, malgré tout. Les hommes, à leur tour, se vengent par le mépris exprimé dans la plaisanterie et l'obscénité. Quand Messire Jean parle des «pisseuses de Paris» (I, 1) et quand il dit

«Mais qui veut bien aimer, ne face
Aux Parisiennes la chasse»

(II, 2)

il inclut Alix dans le stéréotype de la femme poussé jusqu'au proverbe. Il réunit, dans un anti-féminisme maussade plus que colérique, toutes les femmes, et en particulier les Parisiennes. Il ne fait que répéter une norme déjà ancienne qui condamne les femmes, surtout les femmes des grandes villes,[3] et qui correspond à l'image de Paris comme un endroit où pullulent les vices.

Quand Alix fait son apparition dans la troisième scène du premier acte, elle est déjà accablée sous cette double norme: anti-féministe et anti-parisienne. Tout ce que nous avons déjà appris sur elle par Eugène et par Messire Jean renforce cette norme: le fait qu'elle a bien voulu épouser Guillaume et consentir au mensonge de son cousinage avec l'abbé, le fait que Florimond s'est servi d'elle parce qu'il ne pouvait conquérir la chaste Hélène, et

> «Pour passer l'amour indomptable
>   et amortir sa fantaisie»
>   (I, 2)

le fait qu'elle a cu d'autres amants et qu'elle en a encore, le fait même qu'elle est adepte à l'amour comme en témoignent les descriptions délirantes de l'abbé dans la première scène, descriptions où se mêle, dans une ambivalence typiquement masculine, le vocabulaire courtois-«ma Dame,» «flamme»-à celui de la gauloiserie. Cela dénote bien l'ambiguïté de la norme amoureuse dans la pièce, ou du moins l'ambiguïté apparente, feinte, car en fait il n'y a qu'une norme, celle de l'amour vulgaire, et l'ambiguïté ne fait qu'éclairer le désir des personnages de se créer meilleurs qu'ils ne le sont. Jeu ou nécessité, cette création est une constante dans la pièce. Alix incarne l'amour bas et vénal. Mais elle n'est pas seulement un type. Ce qui la distingue des femmes mariées de la farce n'est pas seulement, comme le dit Enéa Balmas, sa bonne humeur, sa capacité d'ironie envers elle-même et de sympathie envers son mari,[4] mais surtout le fait que sa situation ne se présente pas comme une faute passagère, mais comme une liaison permanente fondée sur les bases solides de l'intérêt plutôt que sur la tentation du moment. L'amour est une carrière pour Alix, et pourtant elle n'est pas une prostituée avec toutes les implications sordides de ce mot, mais plutôt une jeune femme débrouillarde qui côtoie des personnes respectables et qui s'est fait une situation, avec mari, maison, meubles et toute la respectabilité attachée à la propriété. Elle se pique même à ses heures de beau langage, et elle est une ménagère compétente et raisonnable. Elle est en train de devenir bourgeoise, plutôt que populaire.[5] Représentative d'une classe en transition, elle a le goût de la prospérité et de la bonne renommée, tout en gardant le tempérament chaleureux d'une fille du peuple.

Le spectateur découvre tout cela graduellement, à travers ses apparitions assez rares (I, 3; III, 3; V,\ 5), mais surtout à travers les paroles et les réactions des autres personnages. La scène où elle est le plus active est aussi celle de sa première apparition (I, 3) et encore son mari, Guillaume, y tient le plus grand rôle. Pendant qu'il chante les louanges de sa femme elle l'écoute, cachée, et fait, en aparté, des commentaires plaisants et ironiques. Ce procédé de l'aparté, très répandu dans la comédie de la Renaissance,[6] permet ici plus qu'un jeu de scène amusant. Le spectateur participe sur trois niveaux à la réalité du ménage Alix-Guillaume: d'abord, il apprend ce qu'en dit Guillaume. Le mari se félicite d'avoir une femme «tant parfaite. . .si chaste femme» (I, 3). . .tellement chaste qu'elle se refuse aux devoirs du mariage, sous prétexte qu'il faut suivre

«Du bon Joseph la saincte exemple,
  Qui ne toucha sa saincte Dame.
  Nostre chair est vile et infame;
  Ces actes sont vilains et ords:
  Et qui nous damne, que le corps?»
            (I, 3)

En même temps elle est bonne et charitable: elle lui donne de l'argent et ne se fâche pas quand il fait des escapades de plusieurs jours, car, comme elle dit, compréhensive comme peu d'épouses:

«Mon ami, c'est vostre sante»
            (I, 3)

Elle fait le tour des couvents afin de faire prier pour lui quand il est malade,[7] et lui rapporte de ses visites

«Ou bien de quelque pain de roses,
  Ou bien des eaux, ou bien du flanc,
  Aucunes fois de leur pain blanc,
  Et me dit que, par les merites
  Du bon sainct, ces choses petites
  Ont pouvoir de guarir la fievre.»
            (I, 3)

Elle pousse même la prévenance jusqu'à le laisser dormir seul quand il ne se sent pas bien, et alors il entend parfois d'en haut où elle se trouve

> «Un esprit qui fort rabastoit»
> (I, 3)

Il fait d'ailleurs la même chose pour elle, et la laisse seule quand

> «...Elle souffre peine:
> Car la nuict bien fort se demeine»
> (I, 3)

Voilà le tableau que peint Guillaume, et il évoque des relations touchantes et harmonieuses!

Mais, à un autre niveau, le spectateur comprend la vérité que le tableau récèle, car il y a été préparé par le bagage normatif dont Alix est chargée dès le lever du rideau. Ainsi il comprend qu'elle est adultère, vénale, très adepte à jouer le rôle de l'épouse pieuse et sage, mais aussi bonne enfant avec son mari et que, comme dit Enéa Balmas, «elle ne l'accable point par son mépris et ne l'opprime pas par sa hargne»[8] comme le feraient à sa place tant d'épouses de farces. Les commentaires en aparté d'Alix offrent un troisième niveau de compréhension: Alix ne se fait pas d'illusions sur elle-même, et ne cherche pas à se présenter comme ce qu'elle n'est pas. Sa situation en aparté a comme effet de la soustraire aux yeux des autres personnages, et aussi aux yeux du public. Brian Jeffery dit que l'aparté «by its very nature is a direct confidence made to the audience,»[9] et cet acte de confiance peut être voulu par le personnage, de sorte qu'il essaie de franchir la barrière entre la scène et la salle, de violer l'illusion dramatique, en mettant le public ouvertement et sciemment dans le jeu. Cela n'est pas le cas ici. Le public n'existe pas pour Alix, il surprend des remarques qu'elle fait en elle-même. Au fond, on pourrait dire qu'il s'agit d'un double aparté et de deux auditeurs secrets: Guillaume, se croyant seul, se parle, Alix l'entend et, à son tour, se parle; le public les entend tous les deux et réagit à l'ensemble de la situation. Ainsi le procédé contribue ici à fournir une vue intime sur les complexités du couple Alix-Guillaume. Le mari, aveugle, sans doute trop aveugle pour ne pas vouloir l'être, semble déterminé à obéir le précepte donné au jeune marié de la farce du *Conseil au Nouveau*

Marié :

> «Tu maintiendras, sans point faillir,
>   Que ta femme soit la meilleur
>   Qu'oncques forma Nostre Seigneur.
>   Contre elle point ne sercheras
>   Et jamais suspect n'en seras.»[10]

Il se révèle aussi comme porté sur les plaisirs de la chair, douillet et prêt à toutes les crédulités. Alix confirme les soupçons du public quant à sa conduite à elle. Elle ne cherche pas à cacher ses escapades et ses aventures amoureuses, mais elle n'est pas cynique, elle n'en fait pas étalage, puisque c'est à elle-même qu'elle s'adresse, et elle s'amuse franchement de ce qui est pour elle une situation drôle et, somme toute, bien vivable :

> «Je creve ici quasi de rire»
>
> (I, 3)

dit-elle, et cet amusement, simplement et franchement exprimé, sans méchanceté aucune aux dépens de Guillaume, ne peut manquer de nuancer l'effet d'Alix sur le public: impudente et astucieuse, elle n'est ni une mégère ni une vicieuse. La bonne humeur et la joie de vivre qui rayonnent d'elle peuvent expliquer le goût que l'abbé continue d'avoir pour elle. Grâce au procédé de l'aparté le public peut voir Alix dans un moment où elle n'est pas même vraiment présente à elle-même: elle ne se construit pas, comme Eugène et Florimond, elle consent à être décrite et, en plus, elle consent au révélations impliquées dans les «double-entendre» de la description naïve de Guillaume.

Quand elle révèle sa présence à son mari, celui-ci l'accable tout de suite de ses difficultés d'argent. Il convient de noter que la norme de l'argent, présente dès la première scène, prend ici une importance de plus en plus grande. L'argent, le créancier, les dettes jouent un grand rôle dans ces existences bourgeoises ou voulant l'être, et le thème se trouvera mêlé désormais dans le théâtre comique à tous les autres. L'importance et le rôle de l'argent pour tel ou tel personnage situe ce personnage. Ainsi, il est clair qu'il s'agit ici d'un couple qui est encore en marge de la société établie: il vit encore constamment au bord de la banqueroute, et le créancier est dans ce ménage une figure familière. Alix réagit calmement, prenant de nouveau sur elle son rôle de femme pieuse:

> «Il faut prendre patiemment
> Ce que nostre Dieu justement
> Pour nos commises nous envoye»
> (I, 3)

Sage et raisonnable, elle parle en proverbes comme n'importe quelle jeune femme bien élevée:

> «Patience est toujours plus forte»
> (I, 3)

Elle aussi semble donc jouer un rôle, elle porte un masque; tout comme Eugène ou Florimond, elle aussi se déguise, mais le spectateur l' a vue d'abord telle qu'elle est, et telle qu'elle se voit elle-même, et il comprend que pour elle l'illusion n'est pas une nécessité intérieure mais un jeu qu'elle joue, non pas avec elle-même, mais avec les autres. C'est la fille du peuple qui joue aux épouses sages, aux dames convenables, parce que c'est comme cela qu'elle assure sa subsistance, non parce qu' elle veut se donner le change. Même, en prononçant ces maximes bien-pensantes, ne montre-t-elle pas une trace de moquerie qui indique qu'elle n'oublie pas du tout qu'elle joue un rôle? Pendant qu'elle prêche une sainte patience à son mari, elle a déjà vu venir un sauveteur plus concret:

> «Tout beau, tout beau, j'ay découvert
> Un des plus grands de nos amis,
> C'est le Chappelain, le commis
> Le factotum de mon cousin.»
> (I, 3)

Quand, à la question de Messire Jean-toujours profiteur!-à propos de son vin elle répond:

> «Il est trouble, car on le hoche
> Trois ou quatre fois tous les jours»
> (I, 3)

nous croyons entendre la moquerie indulgente d'une femme qui sait supporter les petits vices de son mari et qui, pratique et pleine de bon sens, s'est fait une raison de sa situation. Ce bon sens qu'on voit en elle, malgré son dévergondage, annonce déjà des types féminins qui n'ont plus rien à voir avec la farce, mais qui feront des apparitions régulières dans la comédie bourgeoise, sous la forme de soubrettes, de parentes ou de confidentes.

S. A. Pope dit d'Alix-et semble le lui reprocher-qu'elle est «a passive character.»[11] Cela est juste: passive envers elle-même elle s'offre aux autres comme le lieu du conflit parfait. Contente d'être ce qu'elle est, elle se laisse discuter et posséder, elle est essentiellement consentante. Ce qu'elle est compte beaucoup plus que ce qu'elle peut faire. Vénale et facile, elle abaisse le niveau du conflit qui oppose Eugène à Florimond; chaleureuse et sensuelle, elle en justifie l'intensité; méprisable et coupable elle est écartée facilement par Florimond en faveur d'une femme «honnête,» ce qui rend possible la solution; passive et consentante, elle se soumet à ce que les autres décident pour elle, et accepte la solution. Sa passivité même contribue donc à la structure de la pièce. Puisqu'elle ne participe pas au modèle structural des autres personnages-construction, destruction, de leurs normes idéales et illusoires-elle peut être le centre, le noyau, autour duquel les autres évoluent, et par sa bassesse elle les oblige à se dévoiler, à s'exposer. La bassesse de ses normes lui est imposée par les désirs des autres, d'ailleurs. Elle n'a pas tant de normes qui lui sont propres qu'elle n'est la réflexion de celles des autres. Eugène, Florimond, Hélène se servent d'elle pour s'exprimer.

L'effet comique qu'elle produit est différent de celui d'Eugène, par exemple. Elle n' offre pas le spectacle amusant d'un dégringolement, elle n'est pas comique malgré elle. Dans la troisième scène du premier acte il est clair qu'elle voit et qu'elle consent à son propre comique.[12] Elle ne se cache pas ce que sa situation a d'irrégulier et de bouffon, et elle est la première à s' en amuser, et à s'amuser des rôles qu'elle joue parfois. Il y a donc, en tout cela, un certain rapport entre elle et le public, et l'effet esthétique en sera un de connivence et de sympathie. Elle n'exerce aucune action directe sur l' action, en ce sens qu'elle n'essaie pas de diriger les événements. Elle n'est pas encore assez bourgeoise pour croire qu'elle pourrait dominer n'importe quoi. Elle sait qu'elle dépend des bonnes grâces de ses protecteurs, et elle sait se faire humble quand il le faut. Typiquement, quand la catastrophe arrive, elle essaie à peine de se défendre, elle cherche refuge dans les cris et les larmes. Nous apprenons d'abord ses réactions par des témoins. Surprise par Arnault en flagrant délit de mariage (et de trahison) elle essaie d'abord de s'expliquer, de se justifier. Messire Jean raconte cette scène à Eugène:

> «Toute tremblante elle a rendu
> Ces responces: «Et bien, Arnault,
> La plus saincte plus souvent fault;
> Mais on appaise de Dieu l'ire
> Quand du deffaut on se retire.
> L'Abbé mon cousin, me voyant
> En paillardise forvoyant,
> M'a mise avec cet homme-ci,
> Avec lequel je vis, ainsi
> Que doibt faire femme de bien.»
>
> (III, 2)

Quand ce pathétique effort de se faire passer comme «femme de bien» ne réussit pas, elle se met à pleurer et, dans les mots de Messire Jean, à «détrancher ses cheveux.» Dans la scène suivante (III, 3) elle est en confrontation directe avec un Florimond furieux. Elle supplie:

> «Helas, Monsieur, pour Dieu, merci!»
>
> (III, 3)

Quand Florimond se prépare à reprendre les meubles et autres cadeaux qu'il lui a donnés elle est bouleversée:

> «Monsieur, voulez-vous tout oster?»
>
> (III, 3)

- réaction touchante d'une femme qui tient à ses possessions durement gagnées!

A la fin de cette scène elle se lamente sur un ton très élevé, pathétique plutôt que comique:

> «. . .
> A a, faulse, maratre nature,
> Pourquoy m'ouvrois-tu ta closture?
> Pourquoy un cercueil eternel
> Ne fis-je au ventre maternel?

. . .
Sus donc Esprit, sois soucieux:
Sus donc, sus donc, pleurez mes yeux,
Ostez le pouvoir a la bouche
De dire le mal qui me touche.»

(III, 3)

Ce langage hyperbolique, métaphorique, gonflé, appliqué à une situation plutôt sordide, a comme effet, d'une façon assez paradoxale, de briser la tension de la scène, qui menace de sombrer soit dans le pathétique, soit dans le burlesque, avec les menaces et peut-être les coups de Florimond. Les «crocheteurs» appelés par le laquais, Pierre, arrivent pour enlever les maigres trésors d'une Alix bouleversée et bafouillée, mais voilà que cette pauvre créature se lance dans des plaintes dignes d'une heroïne tragique. En exagérant la situation et son malheur elle fait rire le public, et ramène tout l'événement dans la perspective du comique. D'autre part, si Alix parle ainsi, c'est qu'elle a, momentanément, perdu pied: elle ne voit aucune solution pratique à ses difficultés. Son bon sens populaire lui fait défaut, elle s'accroche donc à son rôle de «femme de bien» et, comme c'est un rôle et non une réalité, elle devient «théâtrale,» et emprunte un langage qui lui est très peu naturel. Ainsi, cette tirade se situe dans la vérité du personnage. Alors que pour Florimond et Eugène le glissement d'un ton à un autre indique aussi un glissement de normes, ce n'est pas le cas ici. L'image que le public a d'Alix ne change pas, car il comprend que cette tirade grandiloquente indique son désarroi plutôt que ses prétentions, et ce désarroi est amusant. Dans la dernière scène de la pièce il y a une démarche analogue mais inverse. Alix réagit d'abord avec des exlamations lyriques à la bonne nouvelle qu'Eugène la garde comme maîtresse:

«. . .O Dieu hautain,
Tu m'as bien tost mieux fortunee
Que je ne me disois mal nee!»

(V, 5)

Mais, rassurée, prenant pied dans la réalité une fois de plus, elle continue aussitôt sur un ton ordinaire:

«Mais, puis que chose tant heureuse
Survient a moy peu vertueuse,

A jamais ma foy je tiendray,
A nul autre ne me rendray,
Sinon qu'à l'Abbé vostre maistre.»
(V, 5)

Ces paroles sont pleines de bon sens et de sagesse: elle a appris sa leçon. Alors que, déconfite, elle passait d'un ton «normal» à un ton trop élevé dans la troisième scène du troisième acte, ici, rassurée, elle passe d'un ton élevé à un ton ordinaire. Dans le reste de cette scène nous avons l'impression que les autres personnages la traitent un peu comme une enfant, ce qui s'accorde avec son allure passive. Personnage-conflit, elle a laissé les autres s'agiter autour d'elle et, par ce qu'elle est, elle a facilité la solution.

Cette solution, qui est l'invention d'Eugène, repose entièrement sur le consentement d'Hélène, et elle y contribue par le fait de ses relations passées avec Florimond, et par son consentement au renouvellement de ces relations.

Alors que les critiques ont insisté sur le fait qu' Alix est «un type d'une vulgarité ancienne,»[13] ils ont vu Hélène comme une nouveauté. Barbara Bowen l'appelle «la vraie «innovation» de la pièce.»[14] Emile Chasles avait déjà dit que c'est avec Hélène que s'introduit sur la scène comique l'intérêt pathétique et les passions féminines.[15] Toldo la décrit comme une «fille aimable et gentille, caractère bien nouveau pour le théâtre de cette époque et qui connaît, au plus haut degré, la vertu de l'abnégation au point de se sacrifier, tout entière, au bonheur de son frère.»[16] Enéa Balmas la décrit ainsi: «C'est la première fois que l' on voit apparaître sur la scène du théâtre français un personnage féminin capable de bonté, de dévouement, de délicatesse, de sentiments. Jodelle lui prête de l'intelligence, de la finesse, une participation sincère aux chagrins de son frère; et s'il l'enrichit à la fin d'une touche de sensualité et d' un brin d'hypocrisie, il ne parvient qu'à nous faire mieux comprendre la complexité humaine, et partant la vérité, de cette délicate figure de femme.»[17]

Tout comme les critiques semblent déterminés de ne voir en Alix que «l'épouse de la farce» ils sont résolus à considérer Hélène comme le premier exemple de la «vraie» jeune fille, telle que nous la verrons dans d'autres comédies de la Renaissance et du dix-septième siècle. Cela ne correspond pas tout à fait à la réalité de la pièce.

Hélène apparaît pour la première fois dans la troisième scène du deuxième acte. Contraire en cela à Alix, elle n'a pas encore été discutée avant son apparition, mise à part une mention par Messire Jean qui a révélé que Florimond

> «Long temps à Helene servit,
> Soeur de ce bel Abbé mon maistre
> Sans par son pourchas jamais estre
> Receu au dernier point de grace»
> (I, 2)

et qui appelle Hélène une «maistresse impitoyable.» A part cette information nous ne savons rien sur elle. Alors qu'Alix est observée sans cesse par les autres personnages, Hélène est celle qui observe. C'est elle la première qui voit approcher la crise sous la forme de Florimond. Comme Eugène, comme Florimond, elle se présente au spectateur dans un monologue où elle se construit et se trahit tour à tour. Ainsi elle dit de Florimond:

> «Il m'avoit par long temps servie,
> Et me vouoit quasi sa vie,
> Mais, vaincu par mon chaste coeur,
> De son amour s'est fait vainqueur.»
> (II, 3)

Elle se présente en femme chaste, adhérente de l'amour platonique, très à la mode en ce moment-là. En 1528 avait été publié en Italie *Il Cortigiano* de Baldassare Castiglione. Ce livre, que Lula McDowell Richardson appelle «the Bible of Platonism»[18] avait été traduit pour la première fois en français en 1537, et avait un succès énorme, comme en témoignent de nombreuses traductions et imitations. Il était à l'origine d'un long débat sur les théories de l'amour platonique, dans lequel participait, entre autres, Antoine Héroet avec *La Parfaicte Amye,* oeuvre publiée en 1542. Héroet prêche l'amour spirituel, basé sur une entente des âmes plutôt que des corps.[19] Les trois *Dialogues sur l'Amour* de Léon Hébrieu, traduits de l'italien et publiés en France en 1551, proposaient également une théorie de l'amour platonique.[20] Tout un courant de poésie pétrarquiste avait proclamé la sainteté de l'amour; ainsi du Bellay dans son

Olive (1549) appelle la dame

> «Sacrée, sainte et celeste figure.»[21]

Le personnage de la dame vertueuse et adorée est à la mode et propose un modèle enviable aux jeunes femmes de l'époque. Il semble que Jodelle ait voulu railler les normes sublimes de cette vogue. Qu'Hélène ait pu choisir, pour jouer à l'entente spirituelle, le capitaine fanfaron, peu enclin à la contemplation et pour qui l'amour est surtout une question d' «esprouver le bransle des licts» (p. 34), cela doit sembler amusant au spectateur. Hélène manifestement s'est créé un personnage idéal: elle se voit en femme chaste, au-dessus des bassesses de la chair. Dans cette image idéale elle réunit les normes de l'amour courtois, avec l'idée du service, de la dévotion totale, à celles de l'amour platonique, à savoir la chasteté et l'union spirituelle. Ces normes toutes littéraires s'écroulent aussitôt, car une note de regret perce dans les paroles suivantes d'Hélène:

> «Combien qu'outre le dernier poinct
> Florimond ne me depleust point»
>   (II, 3)

Le spectateur comprend qu'un peu d'insistance de la part de Florimond aurait eu raison du «chaste coeur» d'Hélène. D'ailleurs, elle avoue plus loin que

> «Si Florimond ne m'eust laissee
> Et qu'il n'eust Alix pourchassee
> La course du temps eust gaigné
> Sur ce mien courage indigné»
>   (V, 2)

Le passage à un niveau plus bas devient clair quand Hélène exprime la colère et le dépit qu'elle ressent envers Alix qui, facile plutôt que chaste, a si vite consolé Florimond, et qui a ensuite séduit son frère, l'abbé. C'est Alix qui est la vraie coupable aux yeux d'Hélène, car elle ne saurait supporter que les deux hommes qui lui sont proches soient, l'un un amant volage et peu enclin à l'idéal élevé dont elle rêve, l'autre un bon-vivant vulgaire et éhonté. Aussi accuse-t-elle Alix-«ceste maraude, ceste caigne» (p. 43)- d'avoir «deceu» Florimond, et d'avoir obligé l'abbé à arranger son mariage avec Guillaume, à propos duquel Hélène s'écrie vertueusement:

«O quel horreur, quel cocuage»
(II, 3)

Mais le spectateur a entendu Eugène se vanter «les ay mariez ensemble» (p. 20), et ce décalage entre la réalité et l'imaginaire provoque un scepticisme amusé à l'égard d'Hélène.

En plus, loin d'être une jeune fille innocente et délicate, éloignée et ignorante des intrigues sordides qui l'entourent, Hélène se rend bien compte de la situation que, jusque là, elle s'est contentée d'observer:

«Un seul mot jamais n'en parlay
A mon frere, et tousjours celay
Qu'il me sembloit de l'entreprise,
Car je n'estois tant mal apprise
Qu'il ne me deust bien faire part
De ce qu'il brouilloit à l'escart
Pour luy compter la fable toute.»
(II, 3)

Elle se révèle cachottière, curieuse, observante, avertie. Quand Florimond revient, elle n'hésite pas à intervenir dans l'action et à prendre les choses en main. La question de son âge se pose. Courtisée «il y a deux ans» (p. 73) par Florimond, militaire expérimenté, plutôt que par le jeune homme qui correspond d'habitude à tout personnage de jeune fille, elle ne paraît pas être toute jeune. Cette impression est affermie par son attitude envers son frère dans la quatrième scène du troisième acte. Elle agit envers lui en soeur aînée. Jeffery, en examinant le personnage de la jeune fille telle qu'on la rencontre dans la plupart des comédies de la Renaissance, la décrit comme étant très timide et effacée, et remarque que «one might suppose that this similarity [entre toutes les jeunes filles des comédies] is due to the lack of independence which unmarried daughters had, as a matter of historical fact, in the Renaissance.»[22] Alors que le personnage de la jeune fille est traditionnellement entouré et protégé par ses parents, ou au moins par un parent dominant, Hélène semble seule, à part Eugène, qu'elle semble dominer. Elle dit à propos de son frère:

«J'aime mon frere mieux que moy»
(II, 3)

et elle répète la même affirmation par après, mais le spectateur ne manque pas d'observer qu'elle se servira de cet amour comme d'un prétexte pour réaliser ses propres désirs. Elle n'hésite pas à gronder son frère:

«Vous estes tousjours sus l'amour:
Amour vous court par les boyaux»
(II, 4)

s'éloignant de la langue courtoise et élevée qu'elle avait employée avant pour parler de l'amour. Elle lui reproche d'avoir caché son aventure avec Alix:

«Car si nous estions estrangers,
Vous ne m'eussiez celé vos choses,
Tant que les avez tenu closes»
(II, 4)

et elle fait face à la situation alors qu'Eugène ne peut que s'en lamenter. Elle semble avoir soit un proverbe-

«Celuy vainq ' qui au mal ne cède»
(II, 4)

soit une solution pratique à tout. Dans une contradiction bizarre, elle se montre peu romanesque à l'égard de son ancien amant, soulignant ainsi l'abîme qui sépare ses rêves tout littéraires de la réalité:

«Florimond s'appaisera bien,
Quand il verra qu'il n'y a rien
De constance en ceste femelle:
Il mettra son amour hors d'elle,
Ou il en prendra comme une autre
Pour l'argent. . . .»
(II, 4)

Quant à son frère, elle lui donne le conseil de considérer toute l' affaire comme une mauvaise dette:

«Prenz qu'ayez au jeu perdu
Ce que vous avez despendu,
Ne soyez pour si peu marry»
(II, 4)

En ce qui concerne le problème de Guillaume, sûrement détrompé maintenant:

«Il est si treshomme de bien,
Qu'il ne soucira de rien»
(II, 4)

Elle fait étalage d'un cynisme qui jure étrangement avec sa pose de jeune femme chaste et idéaliste! Hélène accomplit, elle aussi, le mouvement fondamental: elle se forme et se déforme. Elle se masque et elle se dévoile.

Par cette démarche elle s'insère dans la trajectoire de la pièce, basée sur l'alternance de l'illusion et de la désillusion. Sa norme factice-l'amour platonique-et sa norme réelle-le pragmatisme-créent dans son personnage une tension, rendue plus intéressante par une certaine âpreté, une certaine dureté qui la marquent. Ce trait persiste en elle, qu' elle se présente comme vierge intouchable ou comme femme pratique. Dans son rôle d'être supérieur (amante pure, soeur dévouée) il entre la même note intransigeante que dans son rôle de femme avisée et cynique. Cette sévérité donne au personnage une unité qu'il garde à travers ses changements. Femme forte, elle semble animée d'une volonté supérieure à celle des hommes qui l'entourent. Florimond «vaincu» par sa résistance, Eugène gourmandé par elle, semblent bien mous à côté d'elle! Son désir semble être celui de dominer, et les normes qu'elle révèle s'adaptent essentiellement à ce désir.[23]

C'est à cause de cette force en elle qu'elle n'est pas, en ce moment, aussi comique qu'Eugène ou Florimond. Malgré ses contradictions elle ne s'écroule pas comme eux. Son inflexibilité se reflète dans son langage: même en parlant de son amour pour Florimond elle se sert d'un langage qui, pour être élevé, ne tombe pas dans l'exagération. Il n' y a pas de ces hyperboles, pas de ces changements brutaux qui ajoutent au comique chez Eugène ou chez Florimond. L'effet comique total n'est pas très marqué. Il y a dans cette scène (II, 4) un comique de l'interaction entre la soeur et le frère, dans lequel l'accent tombe sur l'abbé. Quand il proclame son personnage de grand amoureux

> «Car de mon amour m'absenter
> Ce me seroit la vie oster»
> (II, 4)

ou quand il devient le frère tremblant devant sa soeur

> «Eh, que vous allez pas a pas!
> Me voulez-vous prendre au filé?»
> (II, 4)

quand il lamente son malheur en termes tour à tour grandioses ou obscènes, c'est lui qui est comique et qui tient le centre de la scène. D'Hélène le spectateur reçoit l'impression d'une femme divisée entre ses normes feintes et réelles, mais essentiellement forte. Il s'attend à ce que la solution du problème vienne d'elle. Elle déclare

> «Tout beau, tout beau, entrons dedans,
> On y pourra remedier»
> (II, 4)

et semble fermement dominer la situation.

C'est donc une surprise quand, dans la deuxième scène du troisième acte, nous rencontrons de nouveau Hélène, mais une Hélène bien différente. Dans cette scène Messire Jean vient raconter au frère et à la soeur l'effet de la désastreuse visite d'Arnault chez Alix. Même avant le récit de Messire Jean Hélène s'est complètement découragée:

> «Mais, las, que feray-je, ô flouette?
> Que deviendray-je, moy pauvrette?
> Resteray-je en ce monde ici
> Voyant mon frère en tel souci?»
> (III, 2)

Les diminutifs compassés qu'elle applique à elle-même étonnent le public. Quand Messire Jean annonce qu'il a de mauvaises nouvelles les cris de douleur et de regret fusent de plus belle.

C'est Eugène qui a assez de présence d'esprit pour demander ce qui s'est passé au juste. Quand Messire Jean raconte les événements, Hélène s'effondre complètement, à tel point que Messire Jean fait observer que

> «...On peut bien voir
> Que vostre coeur n'est point viril»
> (III, 2)

et que c'est Eugène qui doit essayer de la calmer et d'envisager la possibilité d'une solution:

> «...Il vaut mieux
> . . .
> Dedans la maison nous retraire
> Pour mieux esplucher cest affaire»
> (III, 2)

L'effondrement d'Hélène est inattendu. Elle semble avoir changé de rôle avec son frère. Elle pose en héroïne tragique. L'effet esthétique de ce renversement est la surprise et le «suspense». Le fardeau du dénouement qu'on croyait assumé par Hélène, est rejeté sur les épaules d'Eugène.

Le renversement de rôles a lieu au milieu de la pièce, et constitue un moment décisif dans le mouvement. A partir de là, l'action pivote. Eugène qui, de son assurance élevée du début, a glissé dans la peur la plus sordide, remonte, non pas dans sa norme élevée, mais pour affirmer et faire triompher sa norme basse du plaisir et de l'égoïsme. La force d'Hélène qui pouvait s'éclore pleinement au moment de la faiblesse de son frère, diminue assez pour qu'elle puisse s'accomoder des projets que celui-ci formera. Après tout, elle a semé le germe d'une idée quand elle a dit à propos de Florimond, qu'il pourrait facilement aimer quelqu'un d'autre qu'Alix. Elle ne saurait suggérer toute la solution scabreuse sans endommager totalement son rôle de femme «bien.» Son apparente passivité, son désarroi soutenu, lui permettent d'atteindre son but-la possession de Florimond-sans se compromettre. Sournoise et calculatrice elle se fait fragile et sans défense, et elle saura profiter de la situation sans en être responsable. Sa faiblesse progressive nourrit la hardiesse retrouvée d'Eugène, et l'encourage à la considérer comme un instrument docile, à son service. Manipulé par elle, il croit la manipuler quand il imagine de faire aimer Florimond par elle:

> «Que, sans offense de l'honneur,
> Elle le reçoive en sa grace
> Et jouissant elle le face.
> Son honneur ne sera foulé
> Quand l'affaire sera celé
> Entre quatre ou cinq seulement;
> Et quand son honneur mesmement
> Pourroit recevoir quelque tache,
> Ne faut-il pas qu'elle m'arrache
> De ce naufrage, auquel je suis,
> Et qu'elle mesme, ses ennuis
> Elle tourne en double plaisir?»
>   (V, 1)

Il expose brutalement son hypocrisie, son désir d'exploiter les autres, son avidité de plaisir. Complice, Hélène reprend les normes de son frère, docilement, ainsi que le veut sa nouvelle image:

> «Vos raisons ont tant de pouvoir r
> Sur ce mien debile sçavoir,
> Que respondre je ne sçaurais»
>   (V, 2)

Comme Eugène elle se justifie par un sentiment admirable, qui excuse tout:

> «L'amour, Frère, que je vous porte,
> A ma honte ferme la porte.»
>   (V, 2)

Comme lui elle pense au qu'en dira-t-on:

> «On me tiendra pour excusee
> Comme ayant esté abusee,
> Ainsi que femme y est subjette:
> «Et puis?-l'on dira-la pauvrette
> N'osoit pas son frère esconduire.»
>   (V, 2)

En cas de découverte, sa soumission féminine sera son meilleur alibi!

Nous voyons percer ici un autre aspect de la norme anti-féministe: la femme exploitant sa faiblesse et sa passivité, inhérentes dans la norme courtoise, pour affirmer les exigences sensuelles raillées dans la norme gauloise. Hélène se sert de sa faiblesse «féminine» pour se composer tout un personnage très utile. Le caractère théâtral et «composant» de son imagination est souligné par le fait qu'elle semble entendre les réactions des gens-son public-à son rôle de soeur-martyre.

Quand Eugène, encouragé, surenchérit:

> «Et au pis, quand on le sçaura,
> Laissez la vulgaire estimer.
> Est-ce deshonneur que d'aimer?»
>   (V, 2)

Hélène, enthousiaste, approuve:

> «Non, comme j'estime en tel lieu»
>   (V, 2)

Elle retrouve ici les idées à la mode, le code de l'amour platonique. Antoine Héroet, dans *La Parfaicte Amye,* dit en effet, en mettant les paroles dans la bouche de son amante idéale:

> «Mais s'il estoit par fortune advenu
> Que mon amour, tel qu'il est, fust notoire,
> . . .
> Premierement ferois estat et compte
> Que la vulgaire et sotte multitude
> N'a jugement, scavoir, ny certitude»[24]

Hélène et Eugène, en s'appropriant cette idée, la déforment et la vulgarisent. La réduisant à leur niveau, ils la contaminent de leur médiocrité. L'effet, évidemment, est comique: le public, qui connaît la norme élevée, littéraire, rit de la voir bafouée. Il rit aussi des prétentions du frère et de la soeur, qui se croient au-dessus du vulgaire, alors qu'ils préparent une machination des plus louches. Messire Jean pense bien faire en faisant miroiter devant les yeux d'Hélène la possibilité d'un mariage avec Florimond, mais Hélène s'en soucie fort peu:

«Mais dequoy servent tant de coups
Pour gaigner ce qui est a vous?
Faut-il que gayement je die,
Je suis en mesme maladie:
Il n'y a rien qui plus me plaise.»
                                    (V, 2)

C'est un retour à la première Hélène, la femme forte qui savait tout le temps ce qu'elle voulait, et qui l'a obtenu après avoir joué le rôle de femme faible. Ses transformations sont complexes et entrelacées avec celles de son frère. D'abord, elle se présente en amante spirituelle et femme de volonté; la note de regret qui perce quand elle parle de Florimond, et sa colère contre Alix annoncent qu'elle essayera de reprendre son amant. Pour cela, il faut qu'elle se fasse fragile afin de pouvoir consentir au projet de son frère. Afin de concevoir et exécuter ce projet, Eugène doit trouver une force qu'il semblait ne pas avoir, mais qui était en lui à l'état latent, basée sur son assurance d'être supérieur à tout le monde, et sur son égoïsme absolu. Brian Jeffery n'a donc pas tout à fait raison quand il dit d'Eugène «he is the only character in French Renaissance Comedy who develops in the course of the play, from recklessness to authoritative resourcefulness.»[25] Plutôt que de «développer» Eugène se masque, se démasque, perd pied au moment du danger, mais sait finalement exploiter des qualités qui étaient toujours là, pour déjouer l'adversaire. Son sentiment de supériorité qui est à la base de ses normes élevées et illusoires, et son égoïsme, sur lequel ses normes basses et réelles sont basées, se combinent pour offrir la solution à son problème. De même pour Hélène, sa force vraie et sa faiblesse assumée contribuent à cette solution. Tous deux se servent de leurs masques et de leur vérité pour satisfaire leurs besoins sensuels. Hélène abandonne sans plus ses idées d'amour pur. Florimond l'imite gaiement. Quand il entend d'abord la bonne nouvelle, il réagit avec des exclamations pétrarquistes:

«O Dieu, quel astre à ma naissance
Me receut dessous sa puissance!
Mais astre le plus gracieux
Qu'il soit (ô Dieux) en tous vos cieux!»
                                    (V, 4)

Mais tout de suite, en décrivant son bonheur à Arnault, il tombe dans un langage plus concret:

> «Avec elle je souperay:
>   Nous coucherons tous deux ensemble»
>   (V, 4)

L'image finale et définitive que le spectateur a d'Hélène est celle d'une femme qui va pouvoir contenter ses désirs avec l'amant qui lui convient, après avoir pris toutes les précautions nécessaires. Quand elle soupire

> «Ore je me sens à mon aise»
>   (V, 2)

elle n'a plus rien de la femme chaste du début. Comme son frère elle n'attache vraiment de valeur qu'au plaisir et à l'affirmation de son égo. Son comique réside dans les efforts qu' elle doit faire pour atteindre son but et pour brouiller la piste derrière elle. Au monde elle continuera de présenter une façade bourgeoise, respectable, de préserver toute sa dignité de femme supérieure, et de mépriser les Alix. Dans l'effet que ses manoeuvres produisent sur le public le scandale se mêle à l'admiration choquée devant tant d'immoralité. Son exploitation des normes les plus élevées, des sentiments les plus admirables et de sa feminité même souligne l'aspect brutal du dénouement. La simplicité relative d'Alix est éclipsée par les complexités cyniques d'Hélène qui s' infiltrent dans l'ambiance morale dominante.

Notes au chapitre IV

[1]Lula McDowell Richardson, «The Forerunners of Feminism in French Literature of the Renaissance, from Christine of Pisa to Marie de Gournay.» (*Johns Hopkins Studies in Romance Literatures and Languages,* 12, 1929), p. 162.

[2]Lula McDowell Richardson, *The Forerunners. . . ,* p. 162. Le problème de la fidélité et de l'adultère est un thème très répandu dans la littérature médiévale également. Cf. l'introduction de F. Whitehead à son édition de *La Chastelaine de Vergi,* (Manchester: Manchester University Press, 1944).

[3]Cette condamnation des Parisiennes se trouve, par exemple, dans la *Farce nouvelle, très bonne et fort joyeuse des femmes qui font accroire à leurs maris de vecies que ce sont lanternes.*

[4]Balmas, *Oeuvres Complètes,* 2, p. 436.

[5]Voir: Abel Lefranc, *La vie quotidienne au temps de la Renaissance,* (Paris: Hachette, 1938) Chap. VIII, 129-171: «Les Bourgeois.»

[6]Voir: Brian Jeffery, *French Renaissance Comedy, 1552-1630,* (Oxford: Clarendon Press, 1969), 164-167.

[7]Il s'agit évidemment d'un comique à base d'hypocrisie religieuse, telle que N. B. Spector la décrit dans son article «The Procuress and Religious Hypocrisy» (*Italica,* 33, Mars 1956, 52-59). Mais alors que la proxénète court constamment «from convent church to convent church. . . in order to cover her operations with an air of sanctity and devoutness» (p. 54), la femme adultère dit qu'elle fait des visites aux églises et aux couvents, alors qu'en réalité elle se rend à des rendez-vous galants. Comme dit Alix: «On y prie à deux beaux genoux!» En fait, cela doit correspondre à une réalité du siècle, une femme mariée n'ayant sans doute que la liberté de se rendre, seule, à l'église.

[8]Balmas, *Oeuvres Complètes*, 2, p. 436.

[9]Jeffery, *French Renaissance Comedy*, p. 164.

[10]Viollet Le Duc, *Ancien Théâtre François* (Paris: Jannet, 1854) 1, p. 6.

[11]S. A. Pope, *Development and Evolution*, p. 63.

[12]Northrop Frye, (*Anatomy*) fait remarquer que le *Tractatus Coislinianus* ainsi qu'Aristote dans son Ethique opposent «the alazons or imposters and the eirons or self-deprecators.» (p. 172) Il semble qu'Eugène, Florimond et Hélène appartiennent à la première catégorie, Alix à la deuxième.

[13]Toldo, *RHLF*, 5, p. 220.

[14]Barbara Bowen, *Les Caractéristiques essentielles de la farce française et leur survivance dans les années 1550-1620* (Urbana; University of Illinois Press, 1964), p. 104.

[15]Chasles, Emile. *La Comédie en France au seizième siècle,* (Paris: Didier, 1862) p. 22.

[16]Toldo, *RHLF*, 5, p. 220.

[17]Balmas, *Oeuvres Complètes*, 2, p. 429.

[18]Lula McDowell Richardson, *The Forerunners. . .* , p. 79. Le culte de Platon, très répandu au seizième siècle, s'était déjà manifesté dans la théorie de l'amour de Marsile Ficin (1433-1499), et, à part Castiglione, il faut mentionner des néo-platoniciens comme Jean Pic de la Mirandole, Bembo, Cavicéo, qui tous ont contribué à faire culminer la vogue néo-platonicienne en France vers 1542. Voir: Marcel Françon, *Leçons et Notes sur la Littérature Française au XVIe siecle,* (3ième éd., Cambridge: Harvard University Press, 1965) Chap. VII: «La philosophie de l'amour de Marsile Ficin.» pp. 53-56. Voir également: Toldo, «Le courtisan dans la littérature française et ses rapports avec l'oeuvre de B. Castiglione» (*Archiv für das Studium der neueren Sprachen und Litteraturen*, 104, 1900, 75-121, 313-330; 105, 1900, 60-85).

[19]Antoine Héroet, *Oeuvres Poétiques,* ed. crit. F. Gohin, (Paris: Cornély, 1908); W. A. R. Kerr, «Antoine Héroet's *Parfaicte Amye*» (*PMLA,*

20, 1905, 567-583). Pour la popularité du *Courtisan* et de la *Parfaicte Amye* voir: A. H. Schutz, *Vernacular Books in Parisian private libraries of the sixteenth century, according to the notarial inventories* (Univ. of N. Carolina Studies in the Romance Languages and Literatures, no. 25, Chapel Hill: Univ. of N. Carolina Press, 1955) pp. 43, 62.

[20]Voir: E. Bourciez, *Les Moeurs Polies et la Littérature de Cour sous Henri II*, pp. 120, 121.

[21]Joachim du Bellay, *Oeuvres Poétiques*, éd. crit. par H. Chamard (Paris: Cornély, 1908-1931, 6 vol) 1, p. 59. Voir aussi: H. Chamard, *Joachim du Bellay*, (Lille: L'Université, 1900, chap. VI, pp. 167-201: «L'Olive»).

[22]Brian Jeffery, *French Renaissance Comedy*, p. 152.

[23]S. A. Pope, (*Development and Evolution*, p. 63) dit à propos d'Hélène: «Hélène flits about, constantly talking of her chaste heart.» Rien n'est plus loin de la réalité. Il n'y a rien dans cette scène, où il y a question de son «chaste coeur,» qui suggère cette légèreté, cette frivolité.

[24]A. Héroet, *Oeuvres Poétiques*, p. 19.

[25]Brian Jeffery, *French Renaissance Comedy*, p. 152.

CHAPITRE V. LES PERSONNAGES-SATELLITES.

Les liens qui rattachent les quatre personnages principaux les uns aux autres sont complexes et variés: liens de parenté, d'hostilité, d'amour passé et présent. Ces liens divers se simplifient au cours de la pièce. A la fin il reste deux couples qui ont établi une bonne entente entre eux. Le couple Eugène-Alix, menacé par Florimond, est sauvé par la formation ou plutôt la réactivation du couple Florimond-Hélène, jadis détruit par Alix. Autour de ces personnages et de leurs transformations évoluent des personnages-satellites qui jouent chacun un rôle définitif, tant dans la présentation normative des protagonistes que dans l'action qui les entraîne à travers leurs transformations successives. Ce sont: Messire Jean, situé dans l'orbite Eugène-Hélène; Arnault, *alter ego* de Florimond; Guillaume, mari d'Alix; Matthieu, le créancier, qui joue un rôle limité mais important, car il rend très claire la présence d'un niveau normatif persistant: celui de l'argent. Il y a également un laquais, Pierre, mais il ne prononce que quatre vers très anodins, et le potentiel du personnage n'est nullement entamé.

Messire Jean est le chapelain d'Eugène. Ses fonctions pratiques sont celles d'un factotum, comme Alix d'ailleurs l'appell (I, 3). Ainsi, par exemple, il s'occupe du ménage, de la préparation des repas:

> «Pendant que moy, Messire Jean,
> Je süe aupres le feu d'ahan
> De taster les molles viandes,
> Pour vous les rendre plus friandes.»
>   (I, 1)

Il remplit surtout la fonction d' entremetteur, ainsi qu'en témoigne Eugène:

> «Tu me vaux une maquerelle»
>   (I, 1)

Son utilité pour le bon ordre de la vie amoureuse d'Eugène est grande: il épie Alix, il rapporte fidèlement ce qui se passe chez elle, il sert d'intermédiaire aux moments de crise, et il appaise le mari. Cet aspect de service érotique dans les relations entre deux religieux, l'un supérieur, l'autre inférieur, se trouve déjà dans les farces. Ainsi par exemple, dans la farce *George le Veau,* le clerc se fait le complicc de son curé pour berner un mari naïf. Quand le curé lui donne des instructions précises le clerc répond:

«Laissez faire a moy de cella»[1]

Nous trouvons la même complaisance dans la farce de *La femme qui fut desrobee,* où le clerc entre dans le jeu de son maître, Frère Frappart, pour enlever la femme d'un laboureur jaloux, et rassure le moine que:

«Ne vous chaille, laisse-moy faire!»[2]

De même Messire Jean dit à Eugène:

«Dès ores je prend tout sur moy»
(I, 1)

Mais cet aspect de complicité louche est le seul qui lie Messire Jean à la tradition des clercs complaisants. A l'exemple d'Eugène, très différent de l'abbé traditionnel des farces, Messire Jean est muni d'une complexité toute nouvelle pour le personnage. Appartenant, comme Eugène, au milieu ecclésiastique, il se croit par là au-dessus du commun des mortels. Tout comme son maître est un parasite vivant aux frais de la société qui l'entoure, Messire Jean vit en parasite aux frais de son maître. A travers ses fonctions d'intendant et d'entremetteur apparaît sa vraie fonction, qui est de renforcer les normes de son maître, de le soutenir par son approbation, de le flatter et de le rassurer, de jouer le rôle de double. Mais de même qu'Eugène se trahit lui-même, son double se trahit, et se trahit en trahissant son maître. Ces deux personnages se servent l'un de l'autre pour se créer et, inconsciemment, se défaire. S'ils sont mis en présence l'un de l'autre il semble que ce soit surtout pour se faire connaître. Quand Eugène, dans la première scène de la pièce, exalte son bonheur de philosophe, Messire Jean chante le côté matériel de ce bonheur. Ainsi la norme d'Eugène baisse, alors que celle de Messire Jean monte, car il se présente en tant que serviteur parfaitement loyal. Mais dans la deuxième scène, en dénonçant l'aveuglement d'Eugène, le chapelain se dénonce lui-même, et révèle sa vraie norme: celle d'un profiteur. En opérant le désaveuglement du public vis-à-vis de son maître, il le désaveugle aussi sur son propre compte. Dans un mouvement progressif il se transforme, par sa fourberie, de serviteur loyal en profiteur hypocrite. En achevant son maître il achève de se détruire. Son monologue, qui est le seul dans la pièce dans lequel un personnage s'adresse directement au public, (ce qui accentue le côté «révélation»), débute sur un ton sérieux. Il évoque une image poétique, compassée et remplie de sagesse prétentieuse,[3] des aveuglés en général

«. . .qui sont ainsi
Que les flots enflez de la mer,
Qu'on voit lever, puis s'abysmer
Jusques au plus profond de l'eau.»
(I, 2)

Ensuite il passe au cas particulier de son maître:

«Songez a celuy qu'avez veu,
Ce brave Abbé tant bien pourveu
Moins en l'Eglise qu'en follie»
(I, 2)

Le ton, d'élevé, devient de plus en plus acerbe, ironique, méchant. Il a commencé ce monologue sur une note de complicité sérieuse avec le spectateur, mais, graduellement, l'attention de celui-ci se divise en deux: d'une part il s'intéresse au raconté, c'est-à-dire aux révélations concernant Eugène; d'autre part, il se rend compte que le raconteur aussi se révèle et commence à faire étalage d'une duplicité féroce. Au plaisir de voir l' abbé bafoué se joint celui de voir Messire Jean s'exposer lui-même à travers le portrait qu'il trace de son maître. En le jugeant il appelle le jugement du public sur sa propre personne.

Il est d'ailleurs assez fin pour le comprendre, car, absorbé dans l'évocation dédaigneuse des amours de son maître, il se reprend brusquement et s'adresse de nouveau directement au public:

«Mais, je vous prie, que vous semble
Des morgues que je tiens vers luy?»
(I, 2)

«Tenir morgues» signifie: faire bonne mine, bonne contenance.[4] Messire Jean avoue, par sa question, l'incongruité du fait qu'il traite avec égards un personnage aussi apparemment détestable que l'abbé. Son motif est double. D'un côté, et la chose est évidente, il y a l'intérêt:

> «Pour attraper quelque poisson
> En la grand'mer des benefices.»
> (I, 2)

Mais, de l'autre côté, et plus profondément peut-être, il y a le plaisir et le besoin de se sentir supérieur à son maître, la revanche traditionnelle de l'infériorité sociale. Quand Messire Jean compare, avec délices, son comportement avec la fabrication d'un «ameçon», il s'attribue toutes les ruses du malin pêcheur. Eugène, qu'il avait déjà comparé, à cause de son aveuglement fatal, aux «flots enflez de la mer» se réduit ici à «la grand'mer des benefices,» comme si la seule raison de son existence était de s'offrir à l' exploitation de son chapelain. Messire Jean finit ainsi son monologue:

> «Et qui n'en sçait bien sa pratique
> Voise ailleurs ouvrir sa boutique.»
> (I, 2)

C'est l'affirmation orgueilleuse de son intelligence et de son habileté. Le genre de vie qu'il mène n'est pas pour les faibles: il y faut un doigté, une expérience, une finesse, que lui, Messire Jean, possède à la perfection.

Evidemment, en établissant ainsi sa supériorité, il montre un désir de *paraître* supérieur qui l'apparente, un fois de plus, à son maître. En croyant se dissocier de lui, il rejoint son image aux yeux du public. A un niveau plus bas il retrace fidèlement les pas de son maître. Ses prétentions de supériorité sont liées inévitablement à une réalité de parasite et d'exploiteur. Il passe par des transformations dont Eugène a donné l'exemple. De serviteur loyal il se change en serviteur dédaigneux, puis en serviteur supérieur à son maître, malgré sa servilité apparente. La servilité, nous veut-il faire croire, n'est que le masque de son intelligence. Or, elle est aussi une réalité, et le prix qu'il paye pour pouvoir subsister. Ce fait qu'il essaye de dissimuler, une fois saisi par le public, mine le personnage qu'il a voulu établir. Alors que sa trahison envers son maître est totale, elle l'est aussi envers lui-même, et dans sa fourberie il ressemble plus à Eugène qu' il ne l'aurait fait dans la fidélité. Ainsi, à la fin de son monologue, l'effet esthétique qu'il produit sur le public est l'amusement. Le contact qu'il a établi quand il a commencé à parler a été déformé et détourné par sa propre faute, mais-et c'est ce qui amuse le plus- il ne s'en est pas aperçu. Il croit toujours qu'il domine le spectateur et qu'il a réussi à lui imposer une certaine image, alors que le public a déjà compris que cette image est essentiellement fausse. «Tel maître, tel valet»-telle doit être la conclusion à laquelle le spectateur arrive, ce qui est exactement le contraire de ce que Messire Jean voulait obtenir. Avec ses racontars, son intérêt obsessif dans les amours de son maître, son attitude moralisante et prétentieuse, il nous fait penser aux traits de caractère typiques des «servi,» tels que les décrit George Duckworth en parlant de la comédie romaine: «. . .their boastfulness and self-glorification, their impudence and insolence, their inquisitiveness, indiscretion, and love of gossip, their fondness for moralizing.»[5] Mais ces caractéristiques sont aussi celles de son maître, et leur couple, à la fois incongru (à cause de la fausseté des sentiments qui en forment la base) et inévitable (à cause de leur fausseté partagée) entre dans l'axe structural de la pièce où il fera pendant à celui formé par Flori-mond et Arnault.

Messire Jean ne se sépare jamais effectivement de son maître. Sa trahision n'a lieu qu'en paroles, car finalement sa dépendance est plus réelle que son indépendance rêvée. Cela est nettement visible dans la deuxième scène du troisième acte, qui débute sur une longue tirade de Messire Jean, seul sur la scène. Il arrive, bouleversé, de chez Alix, où Arnault vient de faire une scène épouvantable qui a profondément secoué le chapelain:

> «Tu Dieu, je l'ay rechappé belle!
> . . .
> Encore tant esmeu en suis,
> Que presque parler je ne puis.»
> (III, 2)

Sa première réaction est donc celle d'un lâche: la peur et le désir de ne pas participer à d'éventuelles bagarres entre son maître et Florimond:

> «Je suis aux coups trop mal appris»
> (III, 2)

Ensuite il s'engage dans des lamentations de héros tragique:

> «O esperance tromperesse!
> Pourquoy m'avois tu jusque ici
> Allaicté de ton laict ainsi,
> Pour tout soudain t'evanouir?
> Pourquoy me faisois-tu jouir
> De tes promesses si long temps
> Pour me mettre apres hors du sens
> Et me faire au desespoir proye,
> M'estranglant d'un cordon de soye?»
> (III, 2)

Ce langage est nouveau pour lui. Ne ressemble-t-il pas à une mauvaise imitation du style enflé de son maître? Messire Jean expose à la fois sa déloyauté-il s'occupe des conséquences que la catastrophe a pour lui, plutôt que de celles, plus graves, qu'elle entraîne pour son maître-et sa dépendance. Face au danger, sa supériorité intellectuelle l'abandonne, il est incapable d'envisager une issue, comme de s' allier avec Florimond, par exemple, ou de suborner Arnault-conséquences efficaces de sa trahison précédente et de sa supériorité-et d'imaginer une existence séparée de celle d'Eugène. Le «cordon de soye» est le symbole de sa dépendance profonde. Il regrette de ne pas avoir eu un maître

> «Qui t'eust nourri, qui t'eust vestu,
> Qui t'eust fait ami de vertu,
> Sans le pattelin contrefaire,
> Et en plaisant, a Dieu desplaire.»
> (III, 2)

Il semble donc regretter sa bassesse et se repentir de ses péchés, mais, loin d'être inspiré par une conversion subite, ce sentiment est né dans le désarroi et souligne la petitesse morale du personnage. Il attribue sa dégradation à son maître, sans prendre la moindre responsabilité, et se reconnaît donc comme la créature de l'abbé. En plus, il regrette surtout d' avoir misé sur le mauvais cheval. Ce n'est pas le fait d'avoir perdu son âme qui le tracasse, mais d'avoir compromis sa bonne petite existence de parasite et d'intrigant:

> «Adieu, les complots et finesses,

Adieu, adieu, larges promesses,
Adieu, adieu, gras benefices,
Adieu, douces meres nourrices.»
(III, 2)

Sa pusillanimité et son hypocrisie font rire, et le langage tragique des «adieu» répétés est tourné en ridicule par la conjonction de ce thème poétique et de la réalité grossière évoquée par les substantifs qui suivent chaque «adieu.» La sensualité exprimée dans «largesse,» «gras,» et «douces meres nourrices» semble d'autant plus pervertie qu'elle s'adresse à des jouissances qui sont moins de la chair que de l'amour-propre et de l' instinct d'acquisition. Mais, tout en se lamentant ainsi, tout en disant

«En l'Abbé je n'ay plus d'espoir»
(III, 2)

Messire Jean ne parvient pas à séparer son sort de celui d'Eugène. Pour justifier et exalter cette dépendance ininterrompue qu'aucun motif ne saurait plus expliquer il cite un proverbe:

«Qui se fait compagnon de l'heur,
  Se le face aussi du malheur»
(III, 2)

Par ce beau sentiment, tellement en contraste avec sa déclaration orgueilleuse de duplicité de l'Acte I, il veut masquer le fait qu'il n'existe qu'en accessoire d'Eugène et que sa supériorité est illusoire. Il ne parvient pas, évidemment, à jeter la poudre aux yeux du public, et son essai de se re-transformer en serviteur fidèle tombe à plat, provoquant le rire.

Dépouillé de toute efficacité indépendante, il n'a plus qu'a réintégrer son rôle de double servile. Dès qu'il voit revenir Eugène et Hélène il ne peut s'empêcher de jouer un autre personnage encore, mais ce nouveau masque trop transparent ne fait nullement illusion. En effet, Messire Jean essaie de poser à la fois en juge qui adresse des reproches à Eugène:

«Et vous souliez si bien saillir
  En vostre aise contre les cieux,
  Et disiez qu'estre soucieux
  En rien ne convenoit a vous!»
(III, 2)

et en conseiller bienveillant et sage:

> «Mais il vaut mieux un repentir,
> Bien qu'il soit tard, que d'amortir
> La cognoissance que Dieu donne
> Par le malheur de la personne.»
>   (III, 2)

En tant que juge, il voudrait faire croire à son indépendance morale, en tant que conseiller il cherche à justifier, par la bonté et la fidélité, sa dépendance. L'ambivalence de ce nouveau personnage, basé sur deux illusions-celle de l' indépendance et celle de la loyauté-ne permet pas à Messire Jean de le soutenir, et il suffit qu'Eugène en quelques mots

> -«Qu'ya il, dy? . . .»
>   (III, 2)

le rappelle à son personnage véritable de factotum pour qu'il le reprenne sans plus le quitter. Dorénavant, il ne parle plus sans respect d'Eugène, il se remet à son métier de colporteur de nouvelles et de complice sûr:

> «Une chose a moy recitee
> C'est comme une pierre jettee
> Au plus creux de la mer plus creuse»
>   (V, 1)

dit-il, employant une fois de plus l'image marine, dans laquelle c'est lui cette fois qui sert de réceptacle à Eugène. Il participe aux projets que son maître forme pour les autres personnages et il en facilite même l'accomplissement en se chargeant de convaincre Hélène, en approuvant la décision d'acheter Guillaume par le règlement de ses dettes et la promesse d'une vie confortable, et en justifiant l'idée d' amadouer le créancier par l'offre d' une cure pour son fils:

> «Que trop, que trop, il en est tant
> Par ci par la dans ceste ville,
> Qu'il faudroit mille fouets et mille
> Pour chasser les marchans du temple.»
>   (V, 1)

Son cynisme fait écho à celui de son maître, et, s'il contient un jugement, la force de ce jugement est abolie par la complicité. Il est *tout comme* Eugène, et il est *moins*, car il s'occupe de toutes les petites démarches louches qu'Eugène a imaginées pour mettre une bonne fin à ses problèmes. Il abandonne toute illusion de supériorité, et il ne cache plus le vrai moteur de ses actions, à savoir sa cupidité, son désir de profiter:

> «O Dieu, qu'on se frottera bien!
> Si est-ce que je me retien
> Quelque lopin, a ceste feste.
> Il faudra que mette en teste
> A mon Abbé, de me ranger
> A quelque osselet pour ronger.»
>   (V, 2)

Loin d'être le malin pêcheur dans la «grand'mer des benefices» il est le chien mendiant à la table de son maître. Puisqu'il nous a empêchés de croire à sa loyauté de bon serviteur autant qu'à son indépendance de mauvais serviteur, il ne lui reste que sa réalité de serviteur emprisonné dans une dépendance que rien n'ennoblit ni ne rachète. Quand, dans la dernière scène de la pièce, il exhorte Alix à être désormais une bonne maîtresse-le voilà en «maquerelle» de nouveau!-il lui parle au nom de sa «foy de prestre» (V, 5) et cette évocation de son état religieux pour convaincre une Alix met la dernière touche au portrait de ce personnage qui, de transformation en transformation, n'a fait que se rapporcher de l'expression parfaite de sa bassesse. En invoquant la dignité de la prêtrise dans ces cironcstances il affirme sa vulgarité irrémédiable, et épouse totalement la norme sordide du dénouement.

Tout comme Messire Jean soutient, même malgré lui, et à travers toutes ses métamorphoses, le personnage d'Eugène, Arnault affirme sans cesse les valeurs et les désirs de son capitaine. On a vu (Chap. III) qu'Arnault et Florimond représentent l'intervention de Fortune dans la pièce, et que cette fonction détermine en partie la façon dont ils sont présentés, à la fois dans leur médicorité et dans leurs aspects sympathiques. Cette fonction leur confère aussi une simplicité, une unité, qui les distingue du couple Eugène-Messire Jean. Leur complicité est totale et consciente, leur amitié-malgré les relations de supérieur à in-férieur-est sans faille. Là où Messire Jean est malgré lui l'écho et le miroir de son maître, Arnault l'est de tout coeur. Il partage sans réserves les enthousiasmes et les indignations de Florimond, et il ne se permet aucune critique à son sujet. Chaque fois que leur couple apparaît seul sur la scène (II, 2; III, 2; IV, 3; V, 4) il apporte dans la structure un moment de concentration intense du fait de leur solidarité qui abolit la complexité inhérente à toute rencontre théâtrale. En général l'intérêt et le comique résident précisément dans la juxtaposition de tempéraments et d'intérêts divergents, qui se touchent, tout en gardant leur autonomie prétendue ou reélle, de sorte que tout contact n'est qu'illusoire. Pour Florimond et Arnault pourtant le contact existe et marque la structure de son poids bien réel. Ainsi, par exemple, dans les actes II et III l'alternance entre la solidarité des militaires et la duplicité des autres personnages résulte dans ce mouvement structural:

II   III

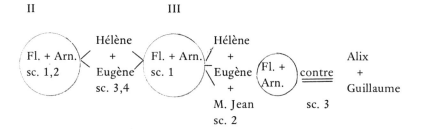

Exactement comme Messire Jean nous intéresse par les positions changeantes qu'il adopte envers Eugène, Arnault nous fascine par la symbiose qui semble exister entre lui et son maître. Il incarne dans toute son intégrité la norme du bon serviteur que Messire Jean avait bafouée et pervertie. Mais cette norme même est rendue ridicule justement à cause du personnage d'Arnault, à cause de la façon exagérée de laquelle elle est exprimée, et à cause des situations où elle trouve à s'exercer dans la pièce. Grâce à ces trois circonstances elle devient un élément de comique, et elle perd la portée morale qu'elle aurait pu opposer à la fourberie des autres personnages. Quand Arnault découvre le mariage d'Alix (et la réalité que ce mariage récèle), sa colère ne connaît pas de bornes. Comme le dit Florimond:

«Il en hennit comme un cheval.»
(III, 1)

Il maudit Hyménée

«Conducteur de trois cocuages»
(III, 1)[6]

Il s'indigne de

«Ces nopces tant a mespriser»
(III, 1)

et invoque la foudre des dieux contre

«. . .la pute qui ne tient
compte de l'amant tant aimable»
(III, 1)

et contre le

«Ladre Abbé, meurdrier de vertu»
(III, 1)

Il est prêt à faire

«. . .tomber en bas
Tant de jambes et tant de bras,
Que Paris en sera pavé!»
(III, 1)

Et toute cette ardeur s'explique le plus simplement du monde:

«En despecte, je suis crevé
De despit: qui ne le seroit
Quand son maistre on offenseroit.»
(III, 1)

La réalité qui se cache derrière cette fureur est autre. Florimond, rejeté par Hélène, trop férue de platonisme, s'était lié avec Alix, plus accommodante, et à son retour il compte trouver chez elle les mêmes dispositions faciles. Ce n'est que la loyauté totale d'Arnault et sa participation dans les illusions de son maître qui peuvent la faire s'imaginer

«O les doux pleurs, helas! les larmes
Des quelles Alix parlera
Quand son amant elle verra.»
(II, 2)

Il est stupéfait quand il découvre qu'Alix, bien naturellement, a fait d'autres arrangements pendant leur absence prolongée:

> «Nous pourroit-on plus estonnez
> Rendre jamais tous deux ensemble?»
> (III, 1)

Quand il invoque les dieux et l'univers entier comme témoins à ce scandale-

> «O Ciel, ô terre, que te semble
> De chose tant mal ordonnee?»
> (III, 1)

quand il décrit Florimond comme

> «. . .l'amant tant aimable
> Lequel d'un vouloir immuable
> Luy avoit dedié sa vie»
> (III, 1)

il donne à la situation une importance cosmique, sentimentale et quasi-légale qu'elle ne possède pas du tout, et son aveuglement rend sa fidélité ridicule plus que touchante. En appelant Alix d'abord «dame» et ensuite «pute» il reconnaît au moins une partie de la vérité, mais par un tour de passe-passe psychologique, il sauve le caractère irréprochable de son maître-et donc le sien-en rejetant sur «l'autre»-c'est-à-dire Alix-le mauvais rôle. Par cet acte de dissociation Florimond et Arnault restent purs, et «l'autre» est coupable de trahison envers eux. Cette division du monde entre «nous» et «les autres» est un trait inhérent du caractère du «miles gloriosus»: sa fantaisie ne peut être acceptée par les autres, et elle l'en sépare donc automatiquement en l'opposant à eux, car ils sont les ennemis naturels de son univers privé. Ce n'est que pour eux que ses exagérations et ses fabrications sont des mensonges, pour lui elles sont la vérité: il importe donc qu'eux aient toujours tort, car alors lui a raison. Si la situation n'est pas aussi parfaite qu'elle pourrait l'être, c'est toujours de la faute des «autres.» Florimond répète cette démarche envers Alix:

> «A a faux amour incertain
> A a faulse et trop faulse putain»
> (III, 1)

Il crée une situation imaginaire-celle d'un grand amour trompé-et place Alix et ses complices dans la position d'assaillants. La norme du pitre épique apparaît également quand Arnault profère des menaces tonitruantes et sans aucun rapport avec l' événement. Il contamine ainsi son idéal de serviteur loyal par le contact avec son autre norme, celle de soldat fanfaron.

Messire Jean parle, à propos d'Arnault, de sa tendance à vociférer:

> «Par ses parolles il tonnoit
> Et meslant son Gascon parmi
> Nous faisoit pasmer a demi.»
>   (III, 2)

Les Gascons avaient la réputation d'être des hâbleurs,[7] et l' exagération est un trait traditionnel du «miles gloriosus,»[8] inséparable de son penchant à fabriquer. Dans la scène 1 de l' acte III-où ils se trouvent aux prises avec la réalité brutale-Arnault et Florimond mêlent tous les deux le langage grandiloquent aux expressions basses, et ce mélange souligne leur détachement vis-à-vis d' une situation sur laquelle ils n'ont pas de prise: le langage élevé correspond à l' image élevée qu'ils ont d'eux-mêmes, et le langage bas condamne les autres. Le langage élevé les exalte et les purifie, et le parler vulgaire exagère la vilainie des autres. Quand Florimond appelle Eugène, par rapport avec Hélène

> «Son frere, ains son paillard»
>   (III, 1)

il ne peut pas vraiment croire qu'Hélène soit coupable d'inceste avec l'abbé, mais il le dit pour noircir davantage le monde hostile qui ne l'accueille pas à bras ouverts après son retour de batailles héroïques.

Il y a un élément paranoïaque dans cette attitude, et cela pourrait entraîner des conséquences sérieuses. Mais un autre trait du «miles gloriosus»-sa petitesse réelle que cache une grandeur assumée-annule tout tragique potentiel: après tant d'exclamations de rage, Florimond décide

> «Il faut desetaller

> De la maison ce qui est mien»
>
> (III, 1)

montrant ainsi un intérêt plus grand dans ses meubles que dans son amante indigne. Il conclut:

> «Si je devois fendre la porte,
> J'iray, j'iray, de telle sorte
> Que le mur tremblera d'horreur»
>
> (III, 1)

et Arnault de renchérir:

> «Je suis gros de donner des coups.
> Si je ne les echine tous
> Je veux estre frotté pour eux.
> Allez Monsieur.»
>
> (III, 1)

Ces cris de guerre vont aboutir, lamentablement, dans la scène 3 de l' acte, où on voit les deux soldats aux prises avec Alix (car Guillaume a mis les jambes au cou dès leur arrivée), qui ne pense qu'à crier merci. Leur champ de bataille se réduit à une cuisine, leur ennemi à une fille apeurée, leur butin à quelques meubles, mais leurs exclamations héroïques résonnent:

> Flor.: «Sus en haut»
> Arn.: «Sus donc Monseigneur»
>
> (III, 3)

On les voit possédés par une sorte de manie. Cette folie à deux est entièrement comique, et elle annule toute dignité que leur complicité pourrait avoir, et aurait pu leur conférer. La norme du bon serviteur pousse Arnault à encourager son maître dans ses illusions, et les condamne tous les deux à l'inefficacité: ils ne pourront finalement ni punir l'abbé, ni prendre contrôle de l'action. Brian Jeffery dit à propos de ces deux soldats que «they are, in fact, taken quite seriously.»[9] En fait, leur seule fonction «sérieuse» était de mettre en marche l'intrigue par leur arrivée sur la scène de l'action. Par après ils ne sont que comiques. Dans la scène 3 de l'acte IV ils répètent la même démarche, typique de leur couple. Florimond se sent trahi:

«Je suis mort, je peri, c'est fait:
Ma vie, avec tout son effet,
Dependoit de ceste amour mienne.»

(IV, 3)

Mais la vengeance est impossible:

«La Justice est *d'autre costé*»

(IV, 3)

Son état d'esprit paranoïaque s'exprime très clairement. Arnault affirme ces idées, en proposant de chercher, seul, une vengeance que le monde leur refuse:

«Tout seul demain je m'en iray,
Et nostre Abbé je meurdriray.
Si je fuy, ignorez le cas;
Si je suis pris, dites que pas
N'estiez de ce fait consentant.»

(IV, 3)

Cet étalage de bravoure provoque un geste semblable de Florimond:

«Il faut que ce brave mastin
J'occie demain au matin,
Me faisant au mal qui me mine
Par son sang une medecine.»

(IV, 3)

Mais le spectateur ne croit plus à ces menaces. Tout cela n'est qu'un jeu dans lequel Arnault et Florimond participent pour défendre leur univers privé envers et contre tous. Toutes leurs grandes paroles tombent dans le vide; elles appartiennent au domaine du songe-creux, et leur exagération même indique que Florimond et Arnault se rendent compte-sans se l'avouer-qu'ils n'ont aucune prise sur ce monde glissant et rusé de Paris. En effet, tout se passera dorénavant en dehors d'eux. Après avoir fonctionné comme instruments de Fortune, ils deviennent l'instrument par lequel Eugène cherche à désarmer Fortune, et ils acceptent ce rôle qui leur est jeté à la figure, sans faire la moindre objection-au contraire! Leur sauvagerie cache un grand désir d'être intégré dans le monde des autres, et quand Eugène leur en offre la chance-en proposant Hélène à Florimond-ils l'accueillent avec des cris de joie:

> Flor.: «De quel lieu prendray-je la voix
> Pour louer mon heur ceste fois?
> . . .
> Rien plus au monde ne me fault.»
> (V, 4)

Arnault participe évidemment au bonheur de son maître:

> Flor.: «Tu petilleras de l'heur mien
> Quand tu le sçauras une fois.»
> Arn.: «Je petille ja.»
> (V, 4)

La réplique comique d'Arnault indique son identification totale avec le capitaine, tout comme les paroles de Florimond montrent sa certitude de trouver auprès d'Arnault une approbation et une sympathie entières. Quand Arnault dit:

> «Le discord est bien tost tourné
> A l'Amour d'enhaut destiné»
> (V, 4)

et que Florimond approuve

> «. . .sans fin vivre je voudrois
> (O Amour) dessous tes sainct droits»
> (V, 4)

ils se rétablissent une fois pour toutes dans leur monde de valeurs élevées mais illusoires, où ils passent de hauts faits militaires à des rages amoureuses extrêmes, de vengeances violentes à la passion la plus exaltée; rien n'est ordinaire pour eux, tout est plus grand que nature. Ils sont aveugles concernant leurs contradictions et leurs inconséquences. Après l' invocation des «saincts droits de l'amour» (qui montre peut-être qu'il se souvient des anciennes conversations avec Hélène-mais aussi qu'il sait qu'Hélène sera désormais plus encline à pratiquer ces droits de façon concrète!) Florimond conclut:

> «Le soupper se met hors de broche:

Allons, ne faisons point attendre.»
(V, 4)

Dans la dernière scène de la pièce, nous les voyons, les deux soldats, se joignant aux autres personnages pour ce souper offert par Eugène: acceptés finalement par ceux qu'ils avaient appelés

«. . .ces pourceaux nourris
Dedans ce grand tect de Paris»
(II, 2)

ils ne sont que trop heureux d'être de leur compagnie. Il ne s'agit même pas d'un compromis: dès le debut ils rêvaient d'être acceptés, de partager les plaisirs des autres. Florimond expose sa norme de sensualité basse, et Arnault, son alter égo, l'y aide. Il est vrai qu'Arnault ne fait qu'affirmer les valeurs de Florimond, mais sa soumission totale et librement assumée le lie à son maître aux yeux du public, et le rend responsable de la même norme. Tous les deux entrent ensemble dans l'axe normatif de la pièce. Ils avaient appelé les autres

«. . .des bestes
D'un visage humain emmasquees»
(II, 2)

mais ils ne reconnaissent pas qu'eux-mêmes ne font que porter des masques successifs. La succession de rôles qu'ils jouent les fait entrer dans l'axe structural de la pièce, qui a la transformation comme principe. Ils ajoutent à l'effet comique par leur aveuglement et par leur avidité à s'emparer des plaisirs qu'ils avaient d'abord amèrement-et envieusement-condamnés. Leur solidarité, avec ses implications de dépendance mutuelle, est à la fois sympathique et comique. Elle ne fait que renforcer l'opposition que leur couple présente au couple Eugène-Messire Jean, et, en même temps, leur infériorité pratique. Dans la société ce n'est pas la solidarité qui compte, mais la ruse.

Quand Arnault et Florimond condamnent Eugène et Messire Jean, c'est toujours en termes moraux. Ainsi Messire Jean est

«Un gros maroufle, un gros briffaut»[10]
(III, 1)

L'abbé est adressé comme

> «Moyne punais, ladre, marchant
> De tes refrippez benefices,
> A a puant sac tout plein de vices.»
>   (III, 1)

Alix est traitée, à plusieurs reprises, de puţain, d'infidèle, de «femme mal apprise.» Les Parisiens, et en particulier leurs représentants les plus puissants, à savoir les gens de loi et les financiers, sont dénoncés comme des profiteurs et des exploiteurs, qui s'occupent seulement

> «. . .en banquets, et ris, et danses,
> En toutes superfluitez.»
>   (II, 2)

Par contre, quand Messire Jean décrit à Eugène les soldats, c'est en termes extérieurs qui les ridiculisent plus qu'ils ne jugent leur valeur morale. Ainsi, il peint Arnault comme

> «Un soldat fort bien accoustré
> D'equippage requis en guerre,
> Qui vouloit mettre tout par terre,
> Blasphemant tous les cieux, . . .
> . . .
> Branslant sa main dextre»
>   (III, 2)

Ensuite il décrit les deux militaires:

> «Premierement estonné m'ont
> Avec leurs mots, comme estocades
> Caps de dious, ou estaphilades,[11]
> Ou autres bravades de guerre.
> Sont de ceux, dont l'un vend sa terre,
> L'autre un moulin à vent chevauche,
> Et l'autre tous ses bois esbauche
> Pour faire une lance guerriere:
> L'autre porte en sa gibbeciere
> Tous ces prez, de peur qu'au besoing
> Son cheval n'ait faute de foin:
> L'autre ses bleds en verd emporte

Craignant la faim, o quelle sorte,
Pour braver le reste de l'an!»[12]

(IV, 4)

La critique particulière de Florimond et Arnault tourne à la critique générale des militaires, faisant écho à la condamnation de la population civile par les soldats. Nous y trouvons le même thème: ceux qui sont prêts à tout sacrifier pour suivre leur inclination. En effet Florimond avait dit des anciens soldats, séduits par la capitale et devenus Parisiens:

«Mesmes aucuns vendent leur terre,
Les autres engaigent leur bien,
Les autres trouvent le moyen
De recouvrer quelques deniers
Pour enrichir les usuriers;
Les autres vendent l'equipage,
Harnois, chevaux et attelage,
Et tout pour despendre en delices!»

(II, 1)

Mais alors que cette condamnation est plus sérieuse et porte sur l'aspect immoral des dépenses, l'accusation de Messire Jean-plus amusée que féroce-tourne les militaires en ridicule, et les présente comme des personnages cocasses, des naïfs, des êtres simples, dépourvus de bon sens et d'esprit pratique. La différence fondamentale entre les deux «blocs» est très claire dans cette comparaison. Tous les deux jugent que les autres dépensent mal et bêtement leur argent: leur incompréhension est totale et mutuelle, mais alors que les paroles de Florimond font sonner une note d'envie, Messire Jean ne voit rien de désirable dans la condition militaire. Le jugement moral des soldats indique leur inefficacité foncière: ils n'attaqueraient pas ainsi les citoyens s'ils se sentaient moins négligés par eux, et plus en état de se faire valoir effectivement. Le jugement des Parisiens, basé sur des valeurs de comportement mondain, inflige la pire condamnation: le ridicule; par là, il devient très clair que les civils auront le dessus. En imitant l'accent d'Arnault, Messire Jean confirme en plus la supériorité du Parisien sur le provincial, et sa mention des «autres bravades de guerre,» réduit à rien les exploits militaires (la raison d'être) des soldats. Il est vrai que Messire Jean et Eugène ont peur de la violence physique d'Arnault et de Florimond, mais à cette peur s'ajoute le dédain, et c'est ce qui leur permet, finalement, de les manipuler.

Guillaume, le mari d'Alix, se trouve coincé entre les deux «blocs.» Personnage-marionnette, il représente le cocu sempitérnel, et ressemble à bien des maris bêtes et complaisants de la farce et de la comédie latine et italienne.[13] Enéa Balmas est d' avis que le personnage est plus complexe qu'il n'en a l'air: «L'impression d'une sournoiserie foncière du personnage, qui l'emporte de loin sur sa niaiserie. . .sera confirmée. . .par bon nombre de ses reparties, jusqu'à l'aveu final où Guillaume abat ses cartes en affirmant avec cynisme qu'il s'accomode fort bien de la situation dans laquelle le sort l'a placé. «Ordure amons, ordure nous assuit»: le personnage prend dans cette perspective des allures villonesques, peut-être inattendues mais sûrement frappantes.»[14] Il est vrai que niaiserie et sournoiserie se mêlent dans Guillaume, et qu'il finit par accepter sa situation, mais il ne faut pas lui prêter des dimensions trop tragiques.

Il fonctionne surtout en tant qu'élément de la structure, et c'est cela surtout qui détermine son personnage. Ainsi, dès le début, l'accent est sur sa bêtise-Eugène l' appelle «le bon lourdaut» et «ce sottard,»-car c'est ce trait qui a permis le mariage avec Alix. . .donnée importante dans la pièce. A ce dédain pour la bêtise de Guillaume s'ajoute pourtant un certain respect: Eugène et Alix font des efforts pour lui cacher leur liaison:

«Mais si, quand elle entend ma voix
Elle sent le cocu au bois,
Ou bien en quelque lieu voisin,
«Bonjour» (dit-elle) «mon Cousin»
(I, 1)

L'abbé se fait des soucis que Guillaume ne

«Decoeuvre la braise qui m'ard»
(I, 1)

et charge Messire Jean de se faire un ami du mari. Guillaume est donc considéré comme un danger potentiel; il joue le rôle d'appeau, car ce danger ne s'actualise pas, et Fortune attaque Eugène d'une façon inattendue. Pourtant c'est la présence de Guillaume qui provoque d'abord les soupçons d'Arnault, et la colère des deux militaires qui s'ensuit déclenche l'action.

En même temps Guillaume s'insère dans la norme de la pièce: il est un profiteur, un parasite. Sa bêtise, son ignorance, et sa cupidité contribuent ensemble au comique de son personnage. Dans son monologue de la scène 3, Acte 1, il étale sans vergogne son aspect de profiteur, acceptant sans questions l'argent d'Alix,

> «Car c'est de la grace de Dieu
> Que cest argent luy vient ainsi»[15]
> (I, 3)

et il montre à quel point il est inoffensif, par son acceptation docile des règles que sa femme a inventées pour leur mariage, qui n'est une union que de nom: il se félicite d'avoir une femme chaste, mais il y a des désavantages:

> «Moymesme je suis abbatu
> Bien souvent, de sa chastete»
> (I, 3)

qu'il accepte saintement:

> «Alors je me mets en priere
> Et lui tourne le cul arriere»
> (I, 3)

Dans cette scène d'ailleurs il sert plutôt de révélateur à Alix, et les «double-entendre» dont son monologue est plein ont pour but de jeter une lumière sur elle, plus que de montrer la sournoiserie de Guillaume: qu'il soit aveugle volontairement ou non, intéresse moins le public que les révélations qu'il donne à propos de sa femme. Messire Jean et Arnault jouent ce rôle de révélateurs auprès de leur maître, mais alors qu'ils soutiennent et affirment les normes de l'abbé et du capitaine, Guillaume ne remplit pas cette fonction. Il est une conséquence des vices de sa femme, plutôt qu'un complice. Il en profite, sans vouloir les reconnaître. La possibilité de tension inhérente dans sa situation de mari trompé n'est pas du tout exploitée: aucune explosion ne suit son admission forcée qu'Alix n'est pas l'epouse fidèle qu'elle semblait être. Quand Arnault interrompt la dînette des époux et de Messire Jean, il accuse Alix:

> «Il n'y a point de cousinage,

> Il t'a mis en ce mariage
> Pour seurement couvrir son vice»
> (III, 2)

Guillaume, tout d'abord, reste muet

> «. . .Tout transi
> Estonné de ce cas nouveau
> Ne sonnoit mot non plus qu'un veau»
> (III, 2)

et ensuite réagit comme un lâche; plutôt que de défendre sa femme contre ce soldat furieux:

> «Et Guillaume fait de beaux voeux
> A tous les saints de paradis.»
> (III, 2)

Quand Arnault revient avec Florimond qui passe aux coups, la lâcheté de Guillaume est confirmée. Il abandonne sa femme:

> «Tout beau, bellement je m'encorus,
> J'en arracherois bien autant.»
> (III, 3)

Dans la scène qui suit la violente invasion des deux soldats dans son ménage tranquille, Guillaume rumine sa situation, exprimant son ébahissement

> «Helas, qui eust ceci pensé!»
> (IV, 1)

Il se lamente sur le sort de sa «pauvre Innocente,» ne sachant que penser:

> «Suis-je tant sot que je ne sente
> Quand je suis tous jours avec elle,
> Si elle m'est tant infidelle?»
> (IV, 1)

Mais-elle a confessé. . .Oui, mais. . .

> «C'estoit de grand'peur, ainsi comme

Ceux-là que l'on gesne au palais
Confessent des forfaits non faits.»
(IV, 1)

Ces vers jettent une lumière sur le personnage de Guillaume: pour la première fois la marionnette s'humanise. Nous entrevoyons toute une existence sans sécurité, où l'injustice et l'oppression sont choses familières, où le mariage inespéré a apporté une mesure de confort, et la dignité qui vient de la possession d'une maison, d'une femme (Alix, bonne fille, permet qu'il lui donne des ordres, qu'il joue au chefs de famille), où l'abbé figure comme providence divine. Il conclut:

«Je ne scay, je n'en scay que dire,
. . .
Par devant l'abbé passeray
. . .
A celle fin qu'il me conforte.»
(IV, 1)

Sa dépendance envers Eugène sert évidemment à augmenter l'importance de celui-ci, tout comme l'effondrement d'Hélène et la soumission de Messire Jean l'ont fait, et elle fait dévier le rôle potentiel de mari indigné. Quand son créancier le poursuit jusque chez Eugène l'asservissement de Guillaume et la force de l'abbé sont augmentés de ce fait. Le mari d'Alix se soumet totalement:

«A a que je suis bien allégé
D'estre sous la tutelle et garde
D'un homme tant sainct qui me garde
. . .
Il ne souffriroit pas en rien
Qu'on nous feist ou tort ou diffame:
Il aime si trestant ma femme,
Que plus en plus la prend sous soy.»
(V, 2)

Avec ces derniers vers, «double-entendre» grivois qui provoque le gros rire du public, il retombe dans son rôle de marionnette. Il jouera à la perfection le mari complaisant. Quand Eugène, après l'avoir sauvé des créanciers et de la colère de Florimond, lui dit carrément

«J'aime ta femme, et avec elle
Je me couche le plus souvent.
Or je veux que, d'oresnavant,
J'y puisse sans souci coucher»
(V, 3)

Guillaume accepte tout:

«Je ne vous y veux empescher,
Monsieur, je ne suis point jaloux,
Et principalement de vous:
Je meure si j'y nuy en rien.»
(V, 3)

Il s'agit moins d'une «confession cynique»[16] que de l'assujetisse-ment d'un faible à une personnalité forte et dominante. Le cynisme d'Eugène invente la situation que Guillaume ne peut qu'accepter. Dans la dernière scène il recommande à sa femme d'être fidèle à l'abbé. Guillaume, «homme de bien,» va jusqu'au bout de la dépendance et de l'avilissement, qui ne sont que les conséquences de sa stupidité et de son désir de profiter. Le comique du personnage est dans l'exagération de ces traits. Son lien avec Alix n'est pas pareil à celui qui lie Messire Jean à Eugène ou Arnault à Florimond: sa complicité est l'effet d'une situation partagée, plutôt que d'une similarité profonde. Essentiellement il reste la créature d'Eugène, qui l'a en effet créé comme mari d'Alix, et qui a le droit de le manipuler. Maniable, il se prête à la situation finale comme il s'est prêté à la situation initiale, et épouse toutes les nécessités de la structure et de l'ambiance normative, sans les marquer de façon définitive ou particulière.

Le dernier personnage secondaire à considérer est Matthieu, le créancier. Il circule autour de l'action, plutôt qu'il n'en fait partie, car il ne s'intéresse pas aux aventures amoureuses qui forment le centre de préoccupation des autres personnages. Pour lui, il n'y a que l'argent qui compte, et ainsi il représente dans toute sa force une norme qui est présente dans la pièce du début jusqu'à la fin. Le personnage du créancier souligne à quel point la société bourgeoise est basée sur l'argent, combien tout y dépend de l'argent. De ceux qui se trouvent encore un peu en marge de cette société-comme Alix et Guillaume-à ceux qui y sont bien chez eux-comme Eugène-ils se trouvent tous hantés par la nécessité d'avoir de l'argent. Pour participer à la vie mondaine, ou pour avancer dans la vie tout simplement, pour faire l'amour ou la guerre («L'or, qui est le nerf de toute guerre» dit Florimond) il faut de l' argent. Mais Matthieu, lui, représente une norme plus pure que le besoin : il incarne une certaine étiquette de l'argent qui, implacable et rigide comme tous les systèmes de protocole, établit les règles du jeu économique. Cet aspect inflexible est déjà indiqué dans le premier acte, quand Guillaume dit à Alix :

> «. . .Le creancier
> M'a faict ore signifier
> Qu'il veut que je paye aujourd'hui.»
> (I, 3)

Le créancier est perçu par le couple comme une force quasi-impersonnelle («m'a *faict* signifier»), aveugle et impitoyable, qui domine leur vie : c'est le créancier (et le pouvoir de l' argent qu'il représente) qui met Guillaume sous la dépendance d' Alix et l'emprisonne dans son mariage, et qui lie Alix à Eugène. Quand Matthieu apparaît finalement, à la deuxième scène de l' acte IV, il interprète tout ce qu'il observe strictement de son point de vue. Pour lui Guillaume n'existe qu'en tant que débiteur. Quand les déménageurs engagés par Florimond vident la maison de Guillaume, Matthieu ne voit cet événement que sous sa perspective à lui :

> «Auroit-il bien tout façonné
> Craignant une execution :
> Auroit-il fait vendition?»
> (IV, 2)

Il énonce les lois qui, pour lui, gouvernent le monde, d'abord sous la forme d'un proverbe populaire :

> «Depuis que l'on prend la toison
> Il convient au mouton se prendre»
> (IV, 2)

et ensuite sous la forme d'une sentence morale :

> «Est-il rien au monde si laid
> Que de frauder ses crediteurs?»[17]
> (IV, 2)

Le bon sens et la morale justifient sa poursuite de Guillaume et son attitude implacable; en plus il peut se réclamer de la faculté pensante:

> «La raison chasse la pitie,
> Il faut payer.»
>
> (IV, 2)

Quand Hélène répond

> «Et s'il n'a rien
> De quoy payer?»
>
> (IV, 2)

il constate tranquillement:

> «Il payra bien
> Le corps est de l'argent le pleige»
> (IV, 2)

-car, en effet, il a la ferme intention de faire jeter Guillaume «dedans l'enfer du Chastellet» s'il ne paye pas. Toutes les prononciations de Matthieu ont l'air de maximes. Lui-même voit son comportement comme inévitable, et c'est ce qui lui donne sa force. Il n'a rien contre Guillaume personnellement:

> «Je te ferois quelque relasche,
> S'il estoit en moy, volontiers:
> Mais j'ay affaire de deniers.»
>
> (V, 2)

Son fanatisme finit par hypnotiser sa victime, qui accepte les normes de son persécuteur, et admet:

> «Payer faut, ou tenir prison»
>
> (V, 2)

Matthieu le félicite d'avoir si bien compris:

> «C'est bien entendu la raison:
> J'aime ces gens qui, quand ils doibvent
> Volontiers le quitte[18] reçoivent.»
>
> (V, 2)

Dans cette même scène (V, 2) Hélène accède à la demande de son frère qu'elle accepte Florimond comme amant:

> «Que gaigne t'on de contester
> Quand on s'y voit necessiter?»
>
> (V, 2)

Les deux soumissions-à la loi de l'argent et à la loi de l' amour-sont juxtaposées. Le lien entre elles n'est pas dans l' exigence de la scène-où, au contraire, le non-sequitur entre ces deux éléments semble créer un effet d'incohérence-mais dans l'exigence de l'effet normatif de ce rappochement. L'argent et l'amour sont enchevêtrés, et baignent dans la même bassesse. Guillaume, vaincu par les certitudes rayonnantes de Matthieu, accepte le bien-fondé de ses demandes, et Eugène en fait autant, mais en homme du monde, en homme d'expérience, sans discuter:

> Eug.: «Vous voulez du content,[19]
>   Je l'entens bien.»
> Matth.:   «C'est la raison»
>
> (V, 3)

Eugène propose au créancier de lui vendre

> «Quelque belle petite cure
> Valant six vingts livres de rente»
>
> (V, 3)

et Matthieu conclut le marché pour

> «Deux beaux petits cent escus d'or
> Sus lesquels je me payeray»
>
> (V, 3)

car il a trois fils et, dit-il,

> «J'en feray de l'Eglise deux:
> Car je veux tendre aux benefices,»
>
> (V, 3)

Famille, religion, sentiments humains-tout est soumis par lui, froidement, à l'argent. Dans son impassibilité il représente la foi dans l'omnipotence de l'argent qui est un élément constant de la norme bourgeoise. Quand il apparaît pour le souper dans la dernière scène de la pièce, il incarne un aspect important de la norme totale qui, sous-jacent et diffus chez les autres personnages, domine et se cristallise en lui. Il participe à la structure de la pièce, car, en exerçant sur Guillaume une pression qui le pousse à se soumettre à l'abbé, il contribue à la solution finale. Il fait ressortir la faiblesse de l'un, la force de l'autre. En plus, il souligne l'unité temporelle de la pièce: tout se joue dans l'espace d'une journée. C' est «aujourd-hui» qu'il faut payer d'après Guillaume et c'est en effet «aujourd'hui» que le créancier apparaît pour demander son dû et conclure l'affaire. Son comique peut sembler moins évident, car il n'y a pas chez lui des effets de langage facilement reconnus comme drôles, ainsi que l'exagération ou le décalage entre des tons différents, ni des effets psychologiques comme la transformation ou l'aveuglement qui caractérisent le comportement d'autres personnages. Son comique réside précisément dans son insipidité apparente, dans son manque de dimensions: il représente à la perfection la mentalité du monomane, l'homme à l'obsession unique, l'homme devenu principe, et cette représentation est poussée à la caricature. En lui, un seul trait est décrit à l'exclusion de tous les autres, une seule préoccupation est examinée au détriment de toutes les autres préoccupations possibles. *Le créancier* nous est montré, plutôt que l'homme, et c'est cet aspect mécanique de personnage equippé pour un but seulement, lancé dans une seule direction, qui lui confère son comique et lui donne sa place dans l'effet total de la pièce.

Les personnages secondaires remplissent donc deux fonctions essentielles: ils renforcent les normes des personnages dominants, soit par l'imitation, consciente ou inconsciente, soit par l'incarnation d'une caractéristique particulière, et ils contribuent à colorer l'ambiance spécifique de la pièce. Les uns (Messire Jean, Arnault), fortement attachés à leurs maîtres, épousent la structure interne avec toute sa souplesse et ses variations, et la soulignent en assumant le rôle d' «alter ego» à côté de leurs modèles. Entre Eugène et Florimond d'une part et leurs satellites d'autre part il y a un parallélisme frappant et une contamination constante. Les autres (Guillaume, Matthieu) sont moins intimement liés à un personnage précis, et, si par là ils perdent une certaine agilité et une variété psychologiques, ils peuvent, par contre, incarner à la perfection des traits apparte-

nant au milieu en général. Esquissés et annoncés dans les protagonistes, ces éléments sont montrés dans toute leur force par
les personnages secondaires en question.

Entre les «héros» et les satellites il n'y a donc aucun an-
tagonisme durable. Des différends provisoires (entre Messire
Jean et Eugène, par exemple) sont vite effacés et ne font que
mettre en lumière l'accord fondamental entre tous les personnages. Cette harmonie, exercée dans la bassesse, illustre l'aspect
dominant des valeurs et le caractére renfermé de l'univers que
nous dépeint *L'Eugène.*

Notes au chapitre V

[1]Viollet Le Duc, *Ancien Théâtre François*, 1, p. 387.

[2]Gustave Cohen, *Recueil de farces françaises inédites du XVe siècle.* (Cambridge, Mass.: The Medieval Academy of America, 1949), p. 184.

[3]Sur le rôle des proverbes et «sententiae,» voir: Jeffery, *French Renaissance Comedy*, p. 156.

[4]Huguet (*Dictionnaire*).

[5]G. E. Duckworth, *Roman Comedy*, p. 249.

[6]Balmas (*L'Eugène*, p. 110) définit ainsi ces trois cocuages: «Le mariage d'Alix avec Guillaume a déjoué les aspirations de Florimond; Guillaume est trompé par l'abbé, qui à son tour l' a été par Florimond.» Mais Eugène n'a pas été trompé par Florimond, puisqu'Alix ne s'est liée avec lui qu'après le départ du soldat. Le troisième cocuage est plutôt celui de Florimond par l'abbé. De toute façon, Balmas a raison de dire que «l'image est incisive et résume bien une situation assez enchevêtrée.»

[7]Balmas (*L'Eugène*, p. 112) fait remarquer que «gascon» désigne les fantassins méridionaux, et que les levées faites en 1552 en préparation de la campagne allemande ne comprenaient que des méridionaux. Jodelle peut donc vouloir indiquer à la fois l'origine et la tendance à «hâbler» d'Arnault. Huguet (*Dictionnaire*) nous dit en effet que «gasconner» signifie «hâbler.»

[8]Duckworth, *Roman Comedy*, p. 322.

[9]Jeffery, *French Renaissance Comedy*, p. 148.

[10]«maroufle» = fripon, grossier personnage, rustre.
«briffaut» = glouton, homme avide.
Cf. Huguet, *Dictionnaire*.

[11]D'après Chamard (*Histoire* v. 2, p. 19) les mots «estocades,» «estaphilades» sont des termes gascons, ce qui s' accorde avec le fait qu'Arnault-voir note 7-serait gascon. R. Lebègue, dans *Le Théâtre comique en France, de Pathelin à Mélite,* (Paris: Hattier, 1972, pp. 102, 103) cite ces mêmes termes comme appartenant au vocabulaire du «miles gloriosus» qui se plaît à faire étalage de termes de métier.

[12]Balmas (*L'Eugène,* p. 114) dit de ces vers qu'ils sont «à peu pres incompréhensibles.» Nous suggérons qu'on les lise:
«L'autre ses bleds en verd emporte
(Craignant la faim) ô quelle sorte,
Pour braver le reste de l'an.»

[13]Balmas, *L'Eugène,* p. 17, note 27.

[14]Balmas, *Oeuvres Complètes,* 2, p. 437.

[15]Cf. le refrain «Colin, de la grâce de Dieu» dans la *Farce de Colin qui loue et despite Dieu en ung moment a cause de sa femme.* Balmas (*L'Eugène,* p. 100) dit avec raison que Jodelle a sûrement connu cette farce.

[16]Balmas, *Oeuvres Complètes,* 2, p. 437.

[17]Concernant l'attitude de l'époque sur la question des dettes, voir: Balmas, *L'Eugène,* p. 113.

[18]«quitte» signifie ici moins «quittance» (Huguet, *Dictionnaire*) que ce qui est nécessaire pour s'acquitter d'une dette, et ainsi obtenir une quittance.

[19]«Content» est la graphie ancienne pour «comptant» (Balmas, *L'Eugène,* p. 115).

CHAPITRE VI. SYSTEMES NORMATIFS:
STRUCTURE ET LANGAGE.

Northrop Frye décrit ainsi le schéma le plus élémentaire de la comédie: «The plot structure of Greek New Comedy as transmitted by Plautus and Terence, in itself less a form than a formula, has become the basis for most comedy, down to our day. What normally happens is that a young man wants a young woman, that this desire is resisted by some opposition, usually paternal, and that near the end of the play some twist of the plot enables the hero to have his will. At the beginning of the play the obstructing characters are in charge of the play's society, and the audience recognizes that they are usurpers. At the end of the play the device in the plot that brings hero and heroine together causes a new society to crystallize around the hero, and the moment when this crystallization occurs is the point of resolution in the action, the comic discovery, anagnorisis or cognitio. The appearance of this new society is frequently signalized by some kind of party or festive ritual, which either appears at the end of the play or is assumed to take place immediately afterward. Weddings are most common.»[1] Beaucoup de comédies françaises de la Renaissance suivent ce schéma: *Les Esbahis* de Jacques Grévin, *La Reconnue* de Remy Belleau, *Les Corrivaux* de Jean de la Taille, *Les Contens* d'Odet de Turnèbe, pour ne donner que quelques exemples.

Nous en retrouvons tous les éléments fondamentaux dans *L'Eugène,* mais ils sont complètement défigurés et pervertis. Ainsi, Eugène et Alix peuvent être vus comme le jeune couple persécuté et Guillaume et Florimond comme personnages-obstacles; ou bien Alix et Guillaume peuvent être perçus dans le rôle des jeunes amants, avec Florimond comme obstacle et Eugène comme le bon «senex» qui résout tout; ou bien Florimond et Hélène jouent le rôle des jeunes héros, avec Alix comme usurpatrice, et Eugène de nouveau comme bon père. Dans les trois cas nous avons la même opération couple-obstacle-couple, qui semble correspondre au schéma comique conventionnel. Mais ce schéma est faussé et réduit à l'absurde, d'abord par la surabondance de couples. Dans la comédie traditionnelle il est facile de distinguer le jeune couple à qui, automatiquement, va la sympathie du public. Parfois il y a deux jeunes couples, mais ils sont pour ainsi dire identiques et non opposés. Dans *Les Corrivaux,* par exemple, Filadelfe et Fleurdelys sont frère et soeur sans le savoir, et le tabou de l'inceste décide d'avance de la formation définitive des couples qui se ressemblent étonnamment.[2] Il ne s'agit pas d'une variation fondamentale du thème du jeune couple sympathique. Ce couple se distingue toujours par une certaine innocence, attribut de la jeunesse, et par une honnêteté foncière qui les rend acceptables à la bonne société. Même si l'amoureux séduit la jeune fille et que celle-ci accorde ses faveurs (avec parfois une grossesse prématurée comme conséquence), ils aspirent toujours au mariage. Essentiellement, le couple est justifié par le monde, il a pour lui le poids des valeurs établies. Par lui, la chaîne de la bonne famille est perpétuée, l'ordre social triomphe. Sa raison d'être est donc fondée sur la norme de la bonne société et de l'honneur de la famille bourgeoise.

Dans *L'Eugène* la situation est radicalement différente. D'abord, il y a trop de couples, ensuite ils ne sont ni jeunes ni innocents ni honnêtes. Au contraire, ils sont foncièrement indésirables et condamnés par la bonne société. Tous les participants sont des personnes qui, sans être âgées, ont eu des expériences, parfois sordides; ils ont vécu, parfois de façon assez déplaisante. Ils n'ont pas la fraîcheur qui distingue, par exemple, Magdelon des *Esbahis* ou l'Amoureux de *La Reconnue*. Au contraire, le cynisme qui effleure dans leurs discours montre qu'ils savent à quoi s' en tenir sur la vie, sur l'amour. . .et sur eux-mêmes; mais ils sont loin de se l'avouer. Justement, ce désenchantement, plus amer parce qu'il est inavoué, les flétrit et les amoindrit. Eugène est «un abbé paillard»; Alix une prostituée; Florimond un soldat grossier, vantard, qui considère les femmes, quelles qu'elles soient, comme «le repos du guerrier»; Hélène est une vieille fille qui n'est que trop prête à jeter ses principes par dessus bord afin d'assouvir ses désirs; Guillaume est un jouisseur de l'espèce la plus basse. De mariage il n'est pas question: le seul mariage[3] dans la pièce, celui de Guillaume et d'Alix, est une travestie de mariage, un prétexte aux pires désordres, une moquerie du mariage bourgeois traditionnel. L'honnêteté du mariage est réduite ici au pacte entre les trois partenaires, puisque c'est un mariage à trois, et qu'il a son utilité comme paravent à la vie amoureuse de l'abbé.

Ironiquement, le début même de ce mariage est une parodie de la cérémonie traditionnelle: bien que célébré par un prêtre, il est basé sur des principes aussi peu religieux que possible. Conçu dans les vices d'Eugène il est pourri à son origine. A la fin de la pièce ce faux mariage est «sauvé» ainsi que les liaisons entre Eugène et Alix, Florimond et Hélène. La bonne société, avec le mariage honnête et les valeurs sûres, est bafouée et ridiculisée.

La norme bourgeoise survit, mais elle est dépouillée de sa belle image. L'honneur bourgeois est exposé comme la simple peur du «qu'en dira-t-on»: Hélène, par exemple, se forge un alibi en s'excusant par l'amour fraternel. L'idée d' «utilité» est ramenée à sa forme la plus brutale, la plus immédiate: l' égocentrisme. Toutes les formes de l'amour, dont la société bourgeoise aime se servir et s'embellir, sont montrées ici comme des manifestations d'un instinct brutal et de désirs méprisables. La norme de l'argent n'est pas escamotée ici sous des prétextes qui le présentent comme la base nécessaire d'une société ordonnée et juste. Nous voyons ici l'instinct de possession dans toute sa puissance primitive: celle de dominer les autres, de les posséder;[4] dans toutes ses implications d'injustice. La société bourgeoise n'est pas réparée ici par la présence d'êtres beaux et purs (parce que jeunes), elle est donnée dans toute son horreur, dans son état brut. En effet, c'est la société bourgeoise qui triomphe dans cette pièce, au détriment du beau rêve, de la belle image de cette société. Dans les pièces conventionnelles, la médiocrité et la bassesse fondamentales des normes sont rachetées par la présence du jeune couple qui, par sa grâce, sa beauté, son espoir, doit compenser la brutalité des principes sur lesquels est fondée leur société: tout est bon et nécessaire qui assure la sécurité, le bien-être, le bonheur de ces jeunes gens. Or, dans *L'Eugène,* cette justification n'existe pas. Dans la comédie conventionnelle les usurpateurs, les personnages-obstacles, sont, la plupart du temps, convertis et admis dans la nouvelle «bonne» société de la fin de la pièce, ou bien rejetés à jamais de cette société.[5] Dans *l'Eugène,* il n'y a pas à vrai dire de transition de «mauvaise» à «bonne» société: il s'agit simplement d'une redistribution des mêmes éléments, et d'un progrès d'une situation où il est malaisé aux personnages de poursuivre leur plaisir, à une situation où le plaisir est à la portée de tout le monde. Ce progrès s'opère sans conversion ni répudiation; tout au plus y a-t-il un réajustement: Florimond, par exemple, s'ajuste à une autre maîtresse que celle qu'il voulait d'abord retrouver, Hélène se fait à l'idée d'abandonner ses prétentions d'amour platonique, Guillaume accepte d'être un mari officiellement cocu, Alix consent à vouer une fidélité exclusive à Eugène. Plutôt qu'une «mauvaise» ou une «bonne» société il n'y a qu'une petite société, liée par une communauté d'intérêts et d'ambitions.

D' où une image de la société bourgeoise, où le «mauvais» ne sert pas, comme ailleurs, à justifier et à revendiquer le «bon,» le «héros,» qui est toujours du côté des valeurs traditionnelles, familiales et sociales. La «bonne» solution dans la comédie conventionnelle peut surgir soit d'un changement inattendu dans les données de l'intrigue-par exemple, dans *Les Esbahis* quand il est découvert que le vieillard, Josse, qui veut épouser la jeune heroïne, est encore marié à la prostituée, Agnès,-soit de l'intervention d'un bon père arrivant à l'improviste, par exemple dans *La Reconnue*, où l'arrivée du gentilhomme, qui reconnaît dans Antoinette sa fille perdue, la sauve d'une situation déshonorable et permet son mariage avec l'Amoureux. Dans *L'Eugène* l'abbé, qui fait partie d'un des couples, joue aussi le rôle de bon père. Il prend sur lui toutes les difficultés des autres personnages:

> «. . .il semble que le malheur
> Ait remis toute la douleur
> De chacun des autres sur moy.»
>   (IV, 4)

Après avoir gémi sur ses malheurs, il met les mains à la pâte et, en manipulant les autres personnages, il finit par effectuer une solution pour tous. Dans beaucoup de comédies le père est «mauvais,» senex tyrannique et avide, comme dans *Les Esbahis,* par exemple, où Gérard veut donner sa fille comme épouse à un vieillard dégoûtant, jouant donc le rôle d'obstacle. Par contre, dans *L'Eugène* le «bon» père-celui qui abolit les obstacles et trouve la solution-est animé par l' intérêt, la sensualité, le désir de dominer. Ainsi l'illusion de la bonté possible est ruinée et le «bon» père conventionnel est montré sous sa vraie forme. La distinction entre «bon» et «mauvais» est dénoncée comme inexistante, ou plutôt dépourvue de sens moral objectif. Est bon ce qui sert à un individu, est mauvais ce qui le contrarie. Le bon est l'utile, ce qui sert dans la poursuite du plaisir, le mauvais est ce qui empêche cette poursuite. Dans la comédie conventionnelle le bon, c'est-à-dire l'utile, s'allie également avec le plaisir, mais ce plaisir est présenté comme une chose socialement acceptable et désirable: le mariage, le début d'une nouvelle famille; ici, la «bonne» norme est séparée de ses représentants habituels (le jeune couple innocent) et de son effet coutumier (le mariage). Le résultat est qu'elle est montrée dans la laideur et la brutalité que les accoutrements d'usage avaient cachées.

Une société se cristallise autour d' Eugène, comme le veut le schéma, mais, au lieu d'être une nouvelle et meilleure société, c'est un groupe qui après avoir été dispersé et diffus se rassemble sous la domination de l'abbé. Chacun est confirmé dans sa bassesse, renfermé dans sa médiocrité. Il n' y a aucune ouverture sur les possibilités impliquées d'habitude dans un nouveau mariage. Cela donne une ambiance presque angoissante, une atmosphère de claustrophobie. Il ne s'y passe rien qui donne des éclaircies sur d'autres modes d'existence, cela n'ouvre aucune porte. La «cognitio,» qui a lieu au moment où Eugène se rend compte de ses forces et des faiblesses des autres, ne change rien de fondamental. L'abbé est «reconnu» comme manipulateur, et les autres acceptent leur rôle de manipulés: rien n'est vraiment altéré, tout devient, au contraire, figé. Au lieu de découvertes il y a des consolidations.

La pièce se termine sur deux éléments conventionnels: le banquet, et l'invitation à l'applaudissement.[6]

> «Sus entrons, on couvre la table
>
> . . .
>
> Adieu et applaudissez.»
>
> (V, 5)

C'est le «some kind of party or festive ritual» dont parle Northrop Frye, en ajoutant «weddings are most common.»[7] Mais ici les personnages se rassemblent pour célébrer la joyeuse continuation d'un adultère, le début d'une liaison arrangée par l'abbé, et la consécration d'un cocuage. C'est «une gentille bande» en effet, comme dit Eugène.

Quel est l'effet produit par cette fin sur le public? Disons d'abord qu'elle a été condamnée sévèrement par les critiques: Emile Chasles juge que: «Ce denoûment, qui n'est ni tragique, ni comique, mais simplement odieux gâte la pièce de Jodelle.»[8] Henri Chamard appelle cette comédie «franchement immorale,»[9] Enéa Balmas parle du «cynisme désinvolte du dénouement,»[10] Barbara Bowen de «cynisme allègre.»[11] Raymond Lebègue dit qu' «il est difficile de trouver un dénouement plus immoral que celui de *L'Eugène.*»[12] Cette immoralité est attribuée tour à tour à l'héritage des farces[13] et à celui de la comédie italienne. Chasles condamne «cette race [l'italienne] qui ne recherchait pas le vrai autant que le beau, [qui] cachait sous l'amour de l'art un fond de scepticisme ironique et de licence morale qu'on découvre surtout dans les comédies du seizième siècle,»[14] et qui a donné aux ecrivains français «un modèle décevant et un guide dangereux.»[15]

Dans son édition de 1955 Enéa Balmas reconnaît l'élément immoral dans bien des farces et admet également la possibilité d'une influence italienne, mais dans l'édition des *Oeuvres Complètes* de 1968 il revient à la question: «Cet étalage gratuit de turpitudes, qui met en cause tous les fondements de la société, n'est-ce vraiment autre chose qu'un motif littéraire, qu'une «thématique» héritée des farces?»[16] ou, pourrions-nous ajouter, héritée des comédies italiennes? Balmas ne répond pas vraiment à cette question. D'une part il dit que «La stessa «enormità» del soggetto-un ecclesiastico che prostituisce la propria sorella per poter proseguire in pace nei suoi colpevoli amori-eccezionale anche per quei tempi di eccezionale libertà di parola e di pensiero, indica chiaramente la vera portata della commedia: siamo di fronte ad uno scherzo, grossolano fin che si vuole, di uno scholare in vena di stravaganze»[17] et il ajoute que tous les jugements impliqués dans la pièce «sono in verità «propos pour rire» sassi in piccionaia, risultato di un'allegria indiavolata, motti di spirito che passano il limite (come spesso accade proprio a chi voglia, ad ogni costo, dar prova di avere dello spirito)».[18] D'autre part il suggère qu'il faut tenir compte de «la distanciation intérieure de l'auteur à l'égard d'un monde qu'il juge, à tous points de vue, irrécupérable.»[19] Pour Balmas, finalement, la pièce est d'intérêt surtout historique (allusions fréquentes à la campagne d'Allemagne de Henri II) et politique (défense de la guerre et propagande pour le clan des Montmorency) et s'organise autour d'un noyau de sérieux: la guerre et le personnage du guerrier. Il va même jusqu'à dire que *L'Eugène* est une pièce de circonstance, écrite pour une occasion spéciale, directement liée à la mort des frères d'Anglure, à laquelle Jodelle fait allusion dans la pièce, quand il met ces paroles dans la bouche de Florimond:

«Aa, que ne suis je mort! disoye.
Hé, que n'ay-je servi de proye
A d'Anvilliers ou à Ivoy,
Comme deux serviteurs du Roy,
D'Estauge et son frere d'Angluse!
Plus en tels mots je ne m'abuse.»
(V, 4)

La prise de Damvilliers et la chute d'Ivoy sont deux faits d'
armes marquants de la campagne de 1552. Les deux frères
d'Anglure[20]-Anthoine, Vicomte d'Estauges, et son frère Saladin,
ont trouvé la mort pendant cette campagne, l'un devant
Montmédy, l'autre devant Trelon.[21] La pièce a pu être écrite
soit pour commémorer deux jeunes soldats qui avaient fait peut-
être partie du Collège de Boncourt et y étaient donc bien connus
de leurs anciens camarades d'études; soit-et peut-être en même
temps-en célébration du retour de l'armée victorieuse. Un
groupe de ceux qui en faisaient partie a même pu se trouver
parmi les spectateurs. De plus, une portée politique pouvait y
être ajoutée: les Anglure sont liés aux Montmorency, et en tant
que parents du Connétable, (que Jodelle supporte contre ses
rivaux, les Guise) ils étaient donc doublement dignes d' admiration.[22]

Cette hypothèse-que la guerre soit le vrai sujet de la pièce
et qu'elle soit écrite pour célébrer les combattants-semble
intenable. Balmas lui-même en voit le point faible: Florimond,
qui représente «le guerrier» n'est pas plus estimable que les
autres personnages de la pièce; mais, dit-il, «il ricordo di quanto
sta dietro alle sua persona, della guerra nella quale egli ha com-
battuto, dà alla sua figura una profundità che, per l'appunto, le
altre non hanno.»[23] En cela, il semble d'accord avec Jeffery
qui dit, à propos des soldats dans cette pièce: «. . .we laugh,
but only temporarily. In general Jodelle uses these characters
to praise, not to mock the profession of arms.»[24] Pourtant,
comme il a été montré dans les chapitres III et V, leur inefficaci-
cité, leur médiocrité qui va jusqu'à la bêtise à force de naïveté, et
leur aveuglement sont indéniables, et ils s'insèrent parfaitement
dans la norme de la pièce. Comme juges de la société civile,
comme représentants d'un ordre plus pur, comme adhérents
d'une existence plus héroïque, ils sont absolument impuissants.
Des paroles comme:

> «Mais ores les meilleurs esprits
> Aiment mieux soldats devenir
> Qu'au rang des badauts se tenir»
> (II, 2)

deviennent ridicules à cause des personnages (ici Arnault) qui les
prononcent.

De plus, il ne faut pas exagérer l'importance des allusions aux faits militaires dans *L'Eugène*. Au deuxieme acte, où elles sont plus nombreuses qu'ailleurs, au moment de la première apparition des soldats (scènes 1, 2), elles s'insèrent dans l'axe structural et normatif de la pièce, et leur intérêt est d'ordre théâtral autant-et plus-que de l'ordre de l'actualité. Les allusions militaires sont absorbées dans la pièce, parmi les autres éléments qui la composent. Après le deuxième acte il n'y en a plus, jusqu'à ce que nous arrivions aux lignes déjà citées de l'acte V, scène 4, ayant trait à Damvilliers, à Ivoy, et aux deux soldats morts. Balmas parle, à propos de ces vers, de «l'exaltation de la mort glorieuse des deux frères d'Anglure,»[25] mais voyons un peu les circonstances: Florimond, réconcilié, grâce à l'intervention d'Eugène, avec Hélène, et ayant renoncé à Alix, de bon coeur, se réjouit d'avance du bon souper et de l'agréable nuit d'amour qui l' attendent. Il est radieux, et il ridiculise sa nostalgie et son désespoir passés. Dans sa tristesse, quelles paroles exagérées n'a-t-il pas pu prononcer, quels regrets insensés n'a-t-il pas pu exprimer, comme de ne pas être mort au champ de bataille

> «Comme deux serviteurs du Roy,
> D'Estauge et son frere d'Angluse.»
> (V, 4)

Mais maintenant tout va bien, il reconnaît ces paroles comme sottises:

> «Plus en tels mots je ne m'abuse.»
> (V, 4)

Oubliant ses soucis il se dépêche:-«Allons, ne faisons point attendre»-de rejoindre les autres pour les festivités à venir. C'est là un hommage bien bizarre, une «exaltation» bien piètre. On parlerait plutôt de blasphème! Ces morts, évoqués jadis à l'occasion d'un chagrin d'amour causé par une prostituée parisienne et maintenant à l' occasion de la fin de ce chagrin, grâce à l'acquisition d' une nouvelle amante, prostituée par son frère, ne se trouvent pas en très bonne compagnie. Impossible de voir là «le passage le plus intéressant de la pièce»[26] et de conclure qu' «en partie tout au moins la pièce a été écrite *afin* de mentionner et de rappeler le sacrifice de ces deux cadets de la maison d'Anglure.»[27] Pourquoi Jodelle les mentionne-t-il, alors qu'il ne donne le nom d'aucun autre personnage militaire? Concernant les noms de lieu, Damvilliers et Ivoy, Balmas dit qu'ils sont «sulle bocche di tutti,»[28] et c'est sans doute la même chose pour les noms des jeunes gens. Il tire de l'actualité, et au hasard, quelques noms qui figurent de façon proéminente dans les conversations du moment, car tout le monde, bien sûr, parle de la guerre. C'est peut-être ce qui explique pourquoi il prend la liberté de changer ces noms, pour les besoins de la rime, en Angluse[29]-ce qu'il n'aurait pas pu faire si la pièce était en effet un hommage posthume à deux membres de cette famille, juste comme il n'aurait pas parlé alors d'eux dans ce contexte loufoque et louche. Comme au deuxième acte, par la transformation du vécu en théâtral, l'évocation de l'actualité réduit les événements mentionnés au niveau médiocre du personnage qui en parle. Loin d'engendrer une norme à part, qui serait la norme héroïque et généreuse du sacrifice et de l'amour de la patrie, ces noms sont absorbés dans l'ambiance dominante de la pièce, et ils augmentent l'amusement choqué du public: tout est ravalé, même les sujets les plus sacrés, rien n'est respecté ou pris au sérieux.

La démystification de toutes les valeurs semble être le principe de la pièce. Tout y passe: le clergé et les laïcs, l'état religieux et le mariage, le monde de l'argent et le monde qui court après l'argent, l'armée et les civils, les Parisiens et les provinciaux, les femmes de bonne famille et les filles du peuple, l'amour courtois et l'amour sensuel.

Cela s'explique en partie par le public auquel Jodelle s'adresse, à savoir les étudiants du Collège de Boncourt. Alors que dans presque toutes les comédies de la Renaissance il y a un personnage jeune, ici tous les personnages appartiennent-ou font de leur mieux pour appartenir-au monde bourgeois, c'est-à-dire au monde des parents, des autorités, des conventions, des valeurs établies, des règlements rigides-têtes de turc (comme le remarque aussi Balmas)[30] traditionnels des étudiants. Mais l'acharnement de Jodelle à détruire toute une société sans qu' aucun personnage ne rachète le spectacle décevant qui provoque cet exposé, ne peut s'expliquer ni par son public, ni par son adhésion à une tradition littéraire médiévale ou italienne.

Il est nécessaire d'examiner de près le système normatif de la pièce afin de voir ce qui en cause le pessimisme. Chaque personnage semble obéir à deux principes: sa norme factice-le principe qu'il prétend ou qu'il aimerait avoir adopté, qu'il étale comme étant son «fond» et qui décide d'une partie de son comportement, la partie infructueuse; et sa norme réelle, qu' il ne s'avoue pas et qu'il condamne dans les autres, qui décide de ce qui lui arrive. Ainsi, Eugène a comme norme factice un idéal philosophique élevé. Il s'exprime d'abord dans l'inquiétude metaphysique et mène ensuite à une doctrine d' affirmation individuelle et de liberté personnelle. Cette norme a des attaches très fortes avec l'époque: inquiétude, individualisme revalorisé, confiance dans le pouvoir et la liberté de l'homme sont des thèmes courants dans la vie des idées à la Renaissance. Ils sont liés au néo-stoïcisme, au rationalisme, au naturalisme, au scepticisme et à l'épicurisme.[31] Il n'était même pas nécessaire d'étudier à fond ces doctrines afin d'être touché par le courant de liberté et de libre pensée qui circulait partout: «le mouvement philosophique fut caractérisé à la Renaissance par le développement de l'esprit critique qui fit effort de tous les côtés à la fois pour assurer son indépendance.»[32] Mais si tout peut être mis en question, la norme sérieuse, si «indépendante» soit-elle, n'est pas invulnérable, et dans *L'Eugène* elle est mise en question par la deuxième norme des personnages, la vraie norme qui, dans le cas de l'abbé, est la norme basse de l'égoïsme, du plaisir sensuel, qui va de pair avec l'inquiétude de voir ce plaisir menacé et le désir de dominer les autres afin de le sauvegarder. C'est un retour de l'illusion à la «vraie» nature de l'homme, telle qu'elle est présentée dans la farce par exemple, mais ce retour est effectué après un examen des illusions concernant la nature de l'homme-liberté, puissance, stabilité, unité,-que la Renaissance avait introduites. L'interrogation de «tout» s'étend donc aux nouveaux concepts qu'elle avait engendrés et dévoile ce que peuvent cacher cette liberté, cette puissance orgueilleuses: amoralité, tyrannie, excès honteux, tous permis sous prétexte de la quête du bonheur et des droits de l'individu.[33] Le spectateur voit Eugène à la fois dans son illusion et dans sa vérité, dans son masque et à découvert.[34]

Ses deux normes sont tellement liées entre elles qu'il est possible de parler des deux aspects d'un principe, car la norme basse est l'actualisation dans un cadre «pratique» de valeurs idéalistes. Le pessimisme de cette analyse psychologique réside dans le fait que la transposition de l'idéal à l'actuel est toujours accompagnée d' un abaissement. Il n'y a pas de véritable changement radical, mais plutôt une transformation, un ternissement, une vulgarisation. L'illusion même est atteinte retrospectivement par cet amoindrissement: elle devient ridicule, car elle ne peut se soutenir au beau niveau où elle s'était d'abord présentée. Alors que la conception chrétienne part de l'abaissement de l'homme pour le revaloriser par la grâce, cette conception ignore la démarche de la rédemption;[35] elle reconnaît à la fois la grandeur et la bassesse, le rêve et la réalité de l'homme, mais le rêve n'a aucune influence efficace: il cause les aspirations de l'homme, mais il ne peut pas les satisfaire. Il faut qu'il se transforme en application afin de pouvoir agir, et dans ce processus il perd ses qualités élevées et devient non-rêve. Ainsi, Eugène, partant de sa norme haute, glisse dans sa norme basse, et c'est à ce niveau-là qu'il peut agir de façon efficace. Dans sa norme élevée il était, comme Messire Jean l'avait dit, aveugle et naïf, mais dans sa norme basse, atteint dans son plaisir et sa sensualité, il devient impitoyablement capable d'éloigner tous les obstacles et de dominer les autres personnages. C'est à cause de cela qu'à la fin lui seul peut réaffirmer sa norme élevée: bonheur de la tranquillité, recherche du plaisir de la paix intérieure, liés à la conscience de la précarité de ces biens:

«Suivons ce plaisir souhaitable
De n'estre jamais soucieux:
Tellement mesme que les Dieux
A l'envi de ce bien volage,
Doublent au Ciel leur sainct breuvage,»
(V, 5)[36]

Evidemment, ce retour à la norme élevée est accompagnée inexorablement de la présence de la norme basse qui s'y est jointe dès la deuxième moitié de la première scène, et, en ce sens, Eugène a «perdu face.» Mais du moins il est parvenu à se hausser de nouveau sur le plateau de son illusion et d'en retrouver le langage mensonger. Lui seul exprime si clairement, à la fin de la pièce, son illusion persistante, car lui seul a pu faire triompher son égoïsme sans compromis ni dépendance. Son Moi a en effet décidé des événements que Fortune avait déclenchés; l'individu fort a gagné la partie. Après des faiblesses passagères qui ont marqué la transition du rêve à la réalité il a pu, à force d'un mépris total des autres et d'une manipulation sans scrupules, établir sur le plan pratique son rêve philosophique, qu'il avait exprimé au début:

«Tousjours. . .moy je seray
Et tous mes ennemis chasseray.»
(I, 1)

Sa norme du «bonheur du moy en moy»-c'est-à-dire de l'égocentrisme littéral: le moi concentrant tout sur lui-sonne la note dominante de la pièce, et évoque ces autres lignes de Jodelle:

«Il faut que le seul vray me soit mon but dernier
Et que mon bien total dedans moy seul se treuve.»[37]

Les autres personnages partagent cet égoïsme, en se soumettant à celui d'Eugène. Leur amour-propre est manipulé et flatté par lui; c'est dans son atmosphère qu'ils peuvent éclore, parfois au prix de quelque compromis (Alix jure d'être fidèle, Florimond change de maîtresse) ou de quelque feinte (Hélène feint la faiblesse). Mais dans tous les personnages principaux on retrouve la même duplicité normative, qui conduit de leur principe illusoire à leur principe réel. Ainsi, Florimond part de l'illusion du bon soldat à la vérité du pitre épique, et du rêve de l'amour exalté au «bransle des licts.» Hélène affiche l'attachement platonique et l'affection fraternelle désintéressée, tout en glissant à la sensualité et à l'exploitation sentimentale. Alix présente la même duplicité dans la passivité-sa norme dominante-qui lui permet de s' accepter elle-même, mais aussi de se plier docilement aux désirs des autres afin de se protéger. Parmi les personnages secondaires, Arnault et Messire Jean renforcent les normes de leurs maîtres (de façon bien différente, on l'a vu); Guillaume et Matthieu, personnages moins développés, semblent présenter tous les deux des normes également concentrées sur le moi, mais qui, à cause du manque de dimensions des personnages en question, peuvent s'étendre à travers eux à toute une classe.

Ainsi, la dépendance, norme de Guillaume, et l'obsession de l'argent, trait principal de Matthieu, impliquent des commentaires sur le monde bourgeois où le fort tyrannise le faible, où l'argent décide de tout. Car si le pessimisme de la pièce vient d'une part de l'analyse psychologique entreprise dans des perspectives qui sont bien celles de la Renaissance, il découle d'autre part de l'observation de la vérité sociale et politique de l'époque.

Une libération économique eut lieu en même temps que la libération philosophique. Un passage s'était effectué «du système fermé, statique, de l'économie médiévale au système ouvert, dynamique, du capitalisme naissant.»[38] Ce renouveau économique aurait dû, à son tour, être accompagné d'un renouveau social et politique. Des penseurs comme La Boétie contemplaient la possibilité d'une renaissance de la liberté individuelle, de la fin de toute servitude. En fait, la bourgeoisie essaie de refaire le système à son profit, à l'exclusion des classes inférieures, et en se soumettant à la monarchie, préférant cette servilité à l' aventure hasardeuse de la démocratie. Jean Paris dit qu' «il faut. . .que la classe montante, au lieu de n' oeuvrer qu'à sa propre victoire, prenne en change la libération du pays entier et fonde son action, pour commencer, sur la reconnaissance d'un droit universel et d'une rationalité qui le soutienne comme d'une métamorphose inévitable de l'histoire: d'un mot, la démocratie.»[39] On n'en est pas là en 1552! La liberté politique reste une illusion: «Paris had never acquired a charter granting its citizens political liberty or their own jurisdiction.»[40] Le pouvoir effectif était dans les mains d'une oligarchie de grands propriétaires, contrôlée par le roi. La classe ouvrière se trouvait plus bas que jamais sur l'échelle sociale, et, en fait, tous les germes d'une lutte de classes sont présents.[41] C'est une réalité de servitude et de privilège, de pauvreté et de la propriété toute-puissante. Au phénomène de l'illusion et de la désillusion philosophiques correspond donc le phénomène de l'illusion et de la désillusion dans le domaine politique, économique et social. Le rêve du succès dans ces domaines est aussi vivant que l'était le rêve de l'homme nouveau. «The popularity of the many stories of poor young men who set out to make their fortunes is an indication of a very real longing.»[42] Mais la réalité décevante nous montre que la population des villes vit, en grande partie, dans la misère, la saleté et la maladie, sans espoir d'en sortir.[43]

Dans *L'Eugène* la norme bourgeoise combine l'ambiguité psychologique (idéal < > vérité) avec la tension inhérente à la norme sociale (liberté < > dépendance). Comme les personnages oscillent entre leur facticité et leur vérité, ils oscillent entre l'indépendance et la servitude. Rien n'est sûr, ni l'argent, ni la carrière, ni la réputation (de là la peur du qu'en-dira-t-on). Une insécurité fondamentale caractérise toutes les circonstances intérieures et extérieures, et c' est de là que surgit l'importance de Fortune. Le glissement perpétuel entre des normes inséparables mais irréconciliables cause le pessimisme de la pièce, et il est lié à l'échec d'une entreprise libératrice de la Renaissance, tel que Jodelle l'a rencontré dans les modes de vivre et de penser.

Ce glissement, essentiel dans le mouvement normatif de la pièce, décide aussi de son rythme et de sa structure interne. Pendant les deux premiers actes les personnages sont présentés, et le mouvement illusion-réalité (ou: feinte-trahison; formation-déformation; masque-chute du masque; construction-destruction) se répète cinq fois: pour Eugène (I, 1), pour Messire Jean (I, 2), pour le couple Guillaume-Alix (I, 3), pour Florimond et Arnault (II, 1, 2), et pour Hélène (II, 3). La trahison est plus totale dans certains cas (Eugène, Messire Jean) que dans d'autres (les soldats, Hélène) mais elle est toujours au moins indiquée. En ce qui concerne le couple Guillaume-Alix, la trahison d'une situation est plus importante là que la trahison personnelle, car cette situation, déjà indiquée par Eugène et Messire Jean, constitue le noyau de l'intrigue. Ainsi nous avons ce schéma:

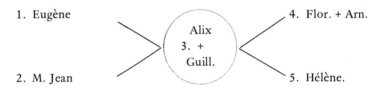

1. Eugène   4. Flor. + Arn.

                    Alix
                  3. +
                  Guill.

2. M. Jean   5. Hélène.

En se dévoilant chaque personnage se rapproche peu à peu de la situation qui est vue comme sordide et «basse.» Jusqu'ici le rythme est assez lent, car il faut que tout le monde ait le temps d'exécuter son jeu de transformation, sa feinte et sa révélation. Cette lenteur n'implique donc nullement la monotonie: des paysages psychologiques changeants se déroulent sans cesse devant le spectateur, et la situation-noyau, saisie dans sa simplicité première d'abord, ne cesse pas de se compliquer, à mesure que les personnages s'en approchent. La scène 4 de l'acte II constitue un moment de transition: par l'intermédiaire d'Hélène la situation-complète maintenant-est introduite ouvertement, et les personnages pourront s'y précipiter. En effet, à partir de l'acte III, le rythme accélère, quand d'abord Arnault et Florimond confrontent la situation (sc. 1), ensuite Messire Jean, Eugène et Hélène (sc. 2), et que finalement elle explose en violence ridicule quand Florimond et Arnault attaquent Alix. (sc. 3). Pendant ces confrontations diverses le jeu des normes changeantes continue, puisque les personnages, réagissant à l'obstacle, accomplissent des pirouettes psychologiques, soit qu'ils prennent refuge dans l'illusion (indignation exagérée d'Arnault, douleurs extrêmes d'Hélène et de l' abbé), soit qu'ils tombent dans la vulgarité (insultes des soldats, regrets de Messire Jean).

C'est ici que la force d'Eugène commence à se déployer. C'est le début de la «cognitio,» provoquée par la découverte que les adversaires sont essentiellement ridicules. Les actes sont devenus de plus en plus courts (I: 578 vers; II: 440 vers; III: 332 vers) à mesure que le rythme accélère. L'acte IV est nettement plus bref que les autres (196 vers). Après la confrontation de l'acte III les personnages s' affrontent, en réfléchissant sur leur aventure. Le spectateur assiste au spectacle du désarroi général, aggravé par l'intervention du créancier qui profite de la déroute pour s'insinuer dans l'action. Eugène continue cependant à s'affirmer, à mesure que l'inefficacité des autres s'aggrave. Dans l'acte V, la solution est mise en marche, et le mouvement ralentit pendant que les deux complices, Eugène et Messire Jean, inventent une issue (sc. 1) et la mettent en pratique (scènes 2, 3, 4). La dernière scène réunit la «fraternité» sous la domination indisputable d'Eugène. Pendant tout cet acte ils continuent à évoluer dans leurs normes, essayant de maintenir la fiction tout en profitant du réel. Alors que les deux premiers actes exposent les normes des personnages et le mouvement qui les tire incessamment entre les aspects différents de ces normes, les deux actes suivants offrent des exemples du mouvement fondamental exécutés avec une vitesse et une habileté vertigineuses, et le cinquième acte montre à quel point, à l' intérieur de ce mouvement, les personnages sont emprisonnés.

Les glissades continuelles sont devenues une trajectoire obsessionnelle au rythme impossible à briser, définie par deux pôles qu'il est impensable de dépasser. Les métamorphoses successives et extrêmement rapides que s'infligent les personnages sont toujours dictées par la même duplicité. Très variées, elles sont pourtant limitées par leurs possibilités normatives. Cela donne quelque chose de figé à l'ambiance de la pièce, malgré tout le mouvement, et en dépit du dynamisme résultant de la tension constante entre les aspects normatifs. Les dernières paroles d' Eugène rejoignent ses mots de la première scène; il est là où il était au début: le cercle se ferme sur les mêmes mensonges cachant les mêmes ordures. Cela est vrai pour tous les personnages. La structure épouse le pessimisme normatif, en épousant son oscillation entre deux points stables, son hésitation entre la vérité et le masque.

Il a déjà été indiqué comment une structure plus externe s'impose à la structure de base. C'est la charpente convention- nelle de la comédie où l'exposition est suivie de l'action résultant de l'intervention d'un obstacle, où la «cognitio» amène enfin la solution. Cette structure est inséparable de l'autre, puisque l'alternance normative décide de la nature de tous ses éléments et finit par donner son caractère insolite au schéma banal.

En plus il y a des sub-structures, basées sur les échanges entre certains personnages ou groupes de personnages. Ainsi, par exemple, le mouvement répété de concentration apporté par le couple Florimond-Arnault dans les actes II et III. Mais au lieu d'interrompre la structure fondamentale il ne fait que la renforcer, grâce à son alternance avec le mouvement contraire de diffusion. Que ce soit à l'intérieur d'un même personnage, entre deux personnages (par exemple l'oscillation de Messire Jean s'éloignant et se rapprochant de son maître) ou entre des groupes de personnages, nous retrouvons toujours le même balancement.

En plus, il y a une structure tout à fait extérieure qui renferme la pièce dans l'espace d'une journée et qui est marquée, commodément et ironiquement, par les repas: au premier acte Messire Jean va déjeuner chez Guillaume et Alix (Arnault les trouve encore à table); au dernier acte

> «. . .desja la nuit s'approche,
> Le souper se met hors de broche.»
> (V, 4)

L'évocation des repas impose un ordre bien bourgeois à tout cet univers (l'inexorable «heure du repas»!) en même temps qu'elle exprime les désordres de la sensualité masquée par ces rites que leur régularité rend sacrosaints. Cela produit un effet d'incon- gruité *et* de déjà-vu.

On voit donc que les trois formes de structure, celle basée sur les transformations normatives, celle de la comédie conventionnelle, et celle du passage du temps, sont liées aux normes de la pièce qui engendrent également les différentes formes de comique. Toutes ces formes se trouvent déjà en germe dans la première scène, puisque Eugène établit le modèle pour les autres personnages et leur comportement. Les transformations continuelles des personnages tiennent du gag psychologique,et le spectateur a du plaisir à observer la rapidité et l'habileté-ou le manque d'habileté-avec lesquelles ils embrassent et écartent des rôles comme autant de déguisements.

Le contraste entre les accoutrements de ces rôles-vocabulaire, poses etc.-contribue au comique d' incongruité qui, comme on l'a vu, est la forme dominante du comique dans la pièce. Il découle du dualisme des personnages, du décalage entre les différents aspects de leur personnalité, du manque de proportion entre leur rêve et leur réalité, qui sont pourtant inséparables. L'incongruité-«the main characteristic of the risible»[44]-tourne en comique le pessimisme très profond de la pièce, car comme le pessimisme il repose sur la duplicité des normes; mais alors que le pessimisme voit là l'impossibilité tragique d'atteindre une unité rédemptrice, d'actualiser l' illusion, le comique exploite le choc entre l'élevé et le bas, l' excellent et le banal, le sérieux et le risible, et il souligne la bizarrerie et la drôlerie de la coëxistence épineuse des deux dans une même personne. Il n'annule pas la duplicité inévitable, mais il en exagère les termes et en les grossissant les rend insolites du fait de leur juxtaposition. Le glorieux militaire livrant bataille dans une cuisine, l'abbé philosophe marchandant sa soeur, la platonique Hélène piaffant d'impatience à la perspective d'avoir un amant. . .voilà des exemples du comique d'incongruité, qui est renforcé par le comique d' exagération.

Le comique du monde à l'envers découle du triomphe pratique de la norme basse. Il est lié à la structure conventionnelle de la comédie, puisqu'il s'exprime en pervertissant les données élémentaires de cette structure, et qu'il la fait aboutir à une société où l'immoralité est la règle, où les héros sont tous des fripons, posant en gens honnêtes. La solution de *L'Eugène* présente toute l'effronterie qu'on associe avec le topos du monde à l'envers et cette audace en augmente le comique.[45]

Le comique de répétition renforce l'effet de toutes ces formes de comique car, d' accord en cela avec le principe répétitif des transformations structurales et normatives, il fait ressortir la nature dynamique mais limitée de cet univers. Les personnages, comme des souris dans une cage, ne restent jamais en repos, mais ne parviennent jamais, malgré toute leur agitation à franchir les barreaux qui les retiennent. Leur remue-ménage finit, à force de prolongation, par prendre un caractère mécanique.

Il faut mentionner le comique très évident de la démystification, par lequel le clergé, les femmes et les militaires tout spécialement sont ridiculisés. Evidemment, l'anti-cléricalisme, l'anti-féminisme et l'anti-militarisme sont des thèmes comiques bien fatigués, mais ils sont revivifiés ici, car aux personnages traditionnels s'ajoute une pointe nouvelle. Eugène n'est pas seulement un «abbé paillard,» il est aussi philosophe; Florimond n'est pas seulement pitre épique, il se mêle aussi de critique sociale; les femmes accusées par des proverbes d'être lascives, infidèles et bavardes-

> «Car ces femmes ainsi friandes
> Suivent les nouvelles viandes»
> (I, 1)

> - «Car quand femme a l'oreille pleine
> Sa langue le retient à peine.»
> (V, 2)

aiment aussi le beau langage et le bel amour. En plus, des thèmes à la mode du jour sont attaqués: l'épicurisme, la vogue de l' amour platonique, la mode de la poésie pétrarquisante,[46] le militarisme de ceux qui souhaitent la reprise des guerres. Dans la bouche de Florimond et d'Arnault des exhortations comme

> - «Estimez-vous l'ennemi mort?
> Sçachez que pour un temps il dort»
> (II, 1)

ou des évocations comme

> - «D'un tabourin quasi tonnant,
> Ou bien d'un clairon estonnant»
> (II, 2)

ne sont que ridicules et ampoulées.

Le langage est donc également une source de comique dans la pièce, et très souvent il fait ressortir l'incongruité et les poses normatives des personnages. Ainsi, à la norme basse de l'amour sensuel appartiennent des expressions comme «planter en son jardin la quille» (p. 21), «esprouver le bransle des licts» (p. 34), «avoir part au cu» (p. 52), «sentir mon coeur avec les cornes de sa teste» (p. 20), tandis que la norme élevée de l'amour courtois s'exprime dans un vocabulaire bien plus distingué: «Amour se met en campagne» (p. 29), «l'amant. . .serf de son martyre» (p. 42), «saincts droits de l'amour» (p. 85), «miroir de nos passions» (p. 22), «deuil heureux. . .doux martyre» (p. 22). Le changement du langage élevé au langage bas est savamment agencé afin de soutenir le mouvement sans cesse changeant des normes et, partant, de la structure. La diversité du langage augmente l'impression dynamique qui résulte des jeux psychologiques et structuraux incessants. Ici nous trouvons un vers qui contient une référence à une farce connue-«c'est de la grace de Dieu» (p. 27), là un souvenir homérique-«le jaune lict du Soleil»[47] (p. 66), ou des évocations de personnages de la mythologie classique: «Jupiter» (p. 55), «Sisyphe et Tantale» (p. 79).[48] Du langage le plus vulgaire-«maugrébieu de la putain» (p. 46), «vertubieu c'est bien chié» (p. 46)-et des insultes les plus grossières-«caigne» (p. 43), «babouin» (p. 39), «putain» (p. 52)-on passe au langage figuré le plus artificiellement raffiné:

> «Aa faulse, maratre nature,
> Pourquoy m'ouvrois-tu ta closture?
> Pourquoy un cercueil eternel
> Ne fis-je au ventre maternel?»
> (III, 3)

qui peut être poussé jusqu'au burlesque:

> «. . .l'air ne veut point s'entonner
> De crainte de s'empoisonner
> Du deuil en ma poitrine enclos.»
> (IV, 4)

Il y a beaucoup d'images tirées du monde des animaux-«il hennit comme un cheval» (p. 49), «attraper quelque poisson» (= trouver du profit, p. 25),-et des diminutifs péjoratifs comme «mugueteaux» (p. 39), «advocasseaux» (p. 40). Il y a des proverbes-«Patience est d'Honneur la porte» (p. 30), «le marché de Romme est bien ample» (p. 74) et des expressions proverbiales-«contrefaire le pattelin» (p. 54), «coifer son heaume» (= s'envivrer, p. 50). Il y a des jeux de mots:-

> Flor.: «Et bien, Arnault?»
> Arn.: «Et bien, mais mal.»
>   (III, 1)

Il y a des traces d'une xénophobie passée dans le vocabulaire: «la morgue italienne» (p. 40), «son anglois Matthieu»[49] (p. 79), et des néologismes dans le goût de la Pléiade: «Idalienne Déesse» (p. 84).[50]   Il y a des termes du langage militaire, et tout un vocabulaire de la nourriture, qui parfois, avec leurs connotations respectives d'agressivité et de sensualité, expriment l' amour ou l'égocentrisme. Ainsi, par exemple, nous voyons «lutter corps à corps» (p. 35) ou «suivre les nouvelles viandes» (p. 21) comme descriptions de l'amour physique, et «des plaisirs nourriciers de nous» (p. 18) comme expression de la nature profonde de l'abbé.

Le langage s'adapte donc parfaitement aux masques, aux trahisons, et aux situations changeantes des personnages, et dans son exubérance et sa diversité il souligne l'exagération, l'incongruité et le transformisme comiques. Le décalage de tons correspond aux décalages psychologiques qui animent la pièce. Normes, structures, effets comiques, langage, s'accordent et se joignent pour produire un effet esthétique total sur le public.

Quelle est la nature de cet effet?, Il obéit aux changements qui imposent leur rythme à la pièce. Ainsi, le public oscille entre le choc causé par la découverte de la duplicité des personnages et de la situation, et l' amusement qui suit ce choc immédiatement. Le rire, encouragé et peut-être déclenché par le langage, est basé sur le sentiment de supériorité et de sécurité que l'on éprouve à voir quelqu'un dévoilé, alors qu'on reste soi-même protégé par ses déguisements, par ses masques. E. R. Curtius dit que «Medieval man finds nothing so comic as involuntary nudity»;[51] dans le domaine psychologique le manque de «vêtements» invite le jugement[52] et le public aime juger. Dans la mesure où il appartient au cadre normatif de la pièce-la bourgeoisie-il est lui-même jugé. En partie, le premier public de la pièce, les étudiants du Collège de Boncourt, sont des bourgeois en puissance, et leur rire constitue une défense contre la classe et le sort qui les attendent. Les spectateurs-étudiants ou autres-rient plus fort à mesure qu'ils soupçonnent qu'ils sont parmi les jugés, car le rire est une dissociation et une purification: le public se purifie de sa propre condition bourgeoise et des insécurités inhérentes, et atteint momentanément l' unité intérieure que les personnages ne possèdent pas. A mesure que les personnages continuent à accomplir leurs déguisements et leurs dévoilements successifs, le sentiment de supériorité du public augmente: il *voit* maintenant leur mécanisme, et cette première «cognitio,» très importante, provoque une familiarité qui augmente le plaisir.

Alors que le public pénêtre dans les personnages et suit l'action interne, il se laisse aussi entraîner, simultanément, par l'action externe, les événements de l'intrigue. Sur ce niveau, et en relation avec l'autre, le «suspense» joue un rôle: on se demande que produiront les évolutions psychologiques des personnages au contact avec une situation donnée, à savoir le retour imprévu de Florimond, qui tombe au beau milieu d'aven-tures amoureuses complexes. Ce «suspense» est résolu par une nouvelle «cognitio» quand on comprend qu'Eugène s'affirmera comme individu dominant, découverte qui commence au milieu de la pièce, à la deuxième scène de l'acte III. L'acte IV permet au public de confronter deux réalités sociales qu'il connaît bien, incarnées dans Guillaume et Matthieu, à savoir la dépendance, et la puissance de l'argent; mais leur incarnation dans des person-nages exagérés et comiques leur enlève toute possibilité menaçante, et elles deviennent simplement des excentricités amusantes. L'acte V produit sans doute des chocs plus sévères: prostitution d'Hélène par son frère, marchandages religieux, adultère imposé et cocuage admis, mais de nouveau l'exagération, indiqué par l'accumulation, de ces ignominies, et les jeux des personnages qui se traduisent en divers niveaux de langage, amortissent le choc et provoquent l'amusement.

L'amplification des opprobres protège d'ailleurs le public, et lui épargne l'inquiétude que ce spectacle pourrait autrement lui causer. Alors que la comédie conventionnelle rétablit la bonne société et que la réaction du public est, comme le dit Northrop Frye, «this should be,»[53] le public réagit à cette comédie par «this can't be. . .c'est impossible.» Il réagit donc par le doute au soupçon que ce monde à l'envers pourrait être le vrai, le sien. Northrop Frye dit que ce genre de solution présente «speculum consuetudinis, the way of the world, cosi fan tutte,»[54] mais il semble plutôt que la réaction du public ne soit pas «cosi fan tutte»-ce qui l'impliquerait-mais: «cela ne peut pas arriver, ce n'est que pour rire.» Les applaudissements que réclame Eugène sont une façon de reléguer le spectacle, de le confiner, au monde du théâtre, de reconnaître les acteurs dans les personnages, de fermer la porte sur l'expérience vécue. Avec l'applaudissement le public reprend pied dans un monde où il ne doit pas reconnaître les duplicités qu'il vient de voir. L'effet esthétique final est l'amusement, un amusement choqué peut-être, mais intensifié à cause justement de ces chocs qui chatouillent agréablement le sentiment de supériorité du spectateur, sans lui causer de l'inquiétude. La possibilité d'inquiétude n'en est pas moins là, c'est clair: elle est inséparable des tensions qui, elles, sont liées fortement à l'ambiance de la Renaissance.

Il reste à poser une dernière question: quelle est la nouveauté, si nouveauté il y a, de cette pièce, mises à part les évidentes nouveautés de la division en actes et scènes, l'emploi du français etc. Barbara Bowen[55] et S. A. Pope[56] considèrent la pièce comme étant essentiellement attachée à l'ambiance médiévale et à la farce. Brian Jeffery la voit «as essentially a farce elaborated by certain formal elements from Latin comedy».[57] Toldo,[58] Marty-Laveaux,[59] Chamard,[60] Balmas[61] voient une certaine nouveauté, mais ils ne définissent pas exactement la nature de cette nouveauté, car ils semblent trouver difficile de séparer ce qui «appartient à la farce» de ce qui pourrait être nouveau. Ils ne parviennent pas à abandonner ce genre de division-ceci vient de telle tradition, cela de telle autre-basée sur des éléments purement extérieurs et totalement artificiels: type de personnage, lieu de la pièce, procédés comiques, niveau moral.

Il ne suffit pas de dépister des vers faisant allusion à telle ou telle farce, ni de mettre le doigt sur un rappel de la comédie italienne ou classique pour ranger la pièce sous l' étiquette «farce du Moyen Age» ou «Renaissance.» En 1552, les farces, les traductions de Plaute et de Térence, ainsi que de beaucoup d'autres auteurs, grecs et romains, et les comédies italiennes, font partie du bagage intellectuel normal d'un étudiant qui s'intéresse au théâtre, à la littérature. Le moindre écho ne doit pas faire parler d' «influence» ou d' «emprunt.» Ces reflets d'une actualité culturelle doivent être mis sur le même pied que les reflets d'une actualité politique ou militaire. Ils attachent la pièce à une époque, mais ils perdent cette temporalité stricte quand ils sont assimilés par la pièce et dépassent les limites de l'actuel.

Il s'agit donc plutôt de déterminer quels principes ont décidé de la conception même de la pièce, en formant la base de sa structure normative et esthétique. Ces principes sont la duplicité inévitable de l'homme et de sa situation, et la transformation causée par les oscillations perpétuelles entre les pôles de la duplicité. C'est de là que sortent l' action et les effets comiques. Or, ces principes sont nés dans une perspective qui est celle de la Renaissance, âge mouvementé, partagé, complexe, terriblement divisé en ses ambitions et ses réalisations, par des tensions toujours grandissantes. Bien sûr, *L'Eugène* a son mot à dire sur les controverses de son époque, et il est attaché à tout un mouvement de révolution littéraire, mais plus que cela c'est la description de l'homme comme un être en mouvement, multiple, porté aux métamorphoses et aux feintes. L' expression de ces caractéristiques par une esthétique basée sur l'alternance, l'apparence et la conscience d'un substrat secret, donne à la pièce sa nouveauté interne. L'agitation et le changement qui constituent un élément important, l'élément «baroque,»[62] de la Renaissance, marquent la pièce dans ses normes et affleurent dans ses structures et son langage. Ironiquement, après le spectacle, le spectateur reprend à son compte l'aveuglement des personnages: guéri de l'agitation qu'il vient de voir, il peut, comme Eugène, s'abandonner au rêve de sa tranquillité illusoire.

LA FIN.

Notes au chapitre VI

[1]Northrop Frye, *Anatomy,* p. 163.

[2]Il s'agit d'une variante du motif des jumeaux, qu l'on trouve dans la commedia erudita à la suite des *Menaechmi* de Plaute, par exemple dans *La Calandria* de Bibbiena ou dans *Gl'Ingannati* des Intronati. On y trouve également des exemples de couples multiples, par exemple dans *La Cassaria* de l'Arioste ou dans l' *Ipocrito* d'Aretino (où il y a «cinq filles à marier»!).

[3]S. A. Pope (*The Development and Evolution,* p. 60) écrit que «Hélène is a sedate young woman who is easily persuaded to marry Florimond,» et Chasles (*La Comédie,* p. 23) dit que Florimond épouse Hélène. En fait, il n'y a pas de mariage entre eux. Messire Jean en suggère la possibilité éventuelle, mais personne n'insiste sur cette possibilité et elle n'est plus mentionnée du tout.

[4]Cf. Marcel Mauss, *Sociologie et Anthropologie* (Paris: Presses Universitaires de France, 1966), p. 227: «Nous avons identifié la circulation des choses. . .à la circulation des droits et des personnes.»

[5]Northrop Frye, *Anatomy,* p. 165.

[6]Toldo, *RHLF* vol. 5, p. 228, et Balmas, *L'Eugène,* p. 122.

[7]Northrop Frye, *Anatomy,* p. 163.

[8]Chasles, *La Comédie,* p. 24.

[9]Chamard, *Histoire,* vol. 2, p. 18.

[10]Balmas, *Oeuvres Complètes,* 2, p. 441.

[11]Barbara Bowen, *Les Caractéristiques essentielles,* p. 103.

[12]Lebuège, *Le Théâtre comique,* p. 105.

[13]Chasles, *La Comédie*, p. 24, et Bowen, *Les caractéristiques essentielles*, p. 103.

[14]Chasles, *La Comédie*, p. 11.

[15]Chasles, *La Comédie*, p. 10.

[16]Balmas, *Oeuvres Complètes*, 2, p. 441.

[17]Balmas, *Jodelle, Un Poeta*, p. 212.

[18]Balmas, *Jodelle, Un Poeta*, p. 213.

[19]Balmas, *Oeuvres Complètes*, 2, p. 441.

[20]Sur cette famille, voir: Balmas, *L'Eugène*, 116-121; *Jodelle Un Poeta*, 223-228; *Oeuvres Complètes*, 2, p. 442.

[21]Balmas, (*Oeuvres Complètes*, 2, pp. 441, 442) dit que Jodelle semble manquer de renseignements, puisqu'il semble penser que les frères sont morts à Damvilliers ou à Ivoy. Mais Jodelle s'occupe-t-il d'exactitude historique?

[22]Voir les trois oeuvres de Balmas.

[23]Balmas, *Jodelle, Un Poeta*, p. 214.

[24]Jeffery, *French Renaissance Comedy*, p. 148.

[25]Balmas, *Oeuvres Complètes*, 2, p. 433.

[26]Balmas, *L'Eugène*, p. 116.

[27]Balmas, *Oeuvres Complètes*, 2, p. 442.

[28]Balmas, *Jodelle, Un Poeta*, p. 223.

[29]Balmas (*Jodelle, Un Poeta*, p. 228) dit que les deux graphies sont possibles, mais en fait Angluse ne se rencontre que chez Jodelle, tandis que des variantes du nom «Estauge»-à savoir Estauges, Estanges, Estoges, Etoges-sont amplement documentées dans des écrits contemporains cités par Balmas.

[30]Balmas, *Jodelle, Un Poeta*, p. 213.

[31]Voir: Léontine Zanta, *La Renaissance du Stoïcisme au XVIe siècle*, (Paris: Champion, 1914).
Henri Busson, *Le Rationalisme dans la littérature française de la Renaissance*, (Paris: Vrin, 1957).
P. O. Kristeller, *Renaissance Thought II*.
D. Ménager, *Introduction à la vie litteraire du XVIe siècle*.
J. Owen, *The Skeptics of the French Renaissance* (New York: McMillan, 1893).

[32]Léontine Zanta, *La Renaissance du Stoïcisme*, p. 33.

[33]De là tous les efforts faits par des penseurs comme Gentien Hervet, Postel, Marc-Antoine Muret, pour réconcilier la foi avec la raison personnifiée par la philosophie antique. (Voir: Busson, *Le Rationalisme*, 262-280).

[34]Le «topos» du «masque,» très proéminent dans la comédie de Molière, par exemple, est inauguré sur la scène comique française par Jodelle.

[35]Jodelle semble avoir vécu en libertin et esprit fort, toute sa vie et jusqu'à sa mort. Pierre de l'Estoile décrit les derniers moments du poète, passés, d'après ce contemporain, (1546-1611) dans une absence totale de foi et de paix intérieure, «despitant et maugréant son créateur avec blasphèmes et hurlements espouvantables» (dans *Mémoires-Journaux*, vol. 12, p. 387).

[36]Cette tirade qui comprend deux autres vers: «sus entrons, on couvre la table» au début, et «Adieu et applaudissez» à la fin, est attribuée par tous les éditeurs modernes-Marty-Laveaux, Fournier, Viollet-le-Duc, -à Eugène. Balmas, dans ses deux éditions (1955 et 1968) l'attribue à Guillaume, sans toutefois expliquer cette attribution. La première édition, celle de Charles de La Mothe (Chesneau-Patison 1574) que Balmas a utilisée donne ces paroles à Eugène. Il semble très clair que la tirade a dû être dite par Eugène: c'est dans la logique de la pièce: puisque c'est l'abbé qui donne le souper, c'est lui qui invite les autres à entrer et à s'asseoir à table; c'est aussi dans la logique du personnage: les paroles «Suivons. . .» reprennent des thèmes qu'Eugène avait developpés dans la première scène et qui ont toujours été présents à son esprit.

[37]Dans «A sa Muse»-Balmas, *Oeuvres Complèts*, 2, p. 287.

[38]Jean Paris, *Rabelais au futur,* p. 174.

[39]Jean Paris, p. 171.

[40]H. G. Koeningsberger and George L. Mosse, *Europe in the sixteenth century,* (London: Longmans, 1968), p. 75.

[41]H. Hauser et A. Renaudet, *Les débuts de l'âge moderne. La Renaissance et la Réforme,* 350-351.

[42]Koeningsberger and Mosse, p. 57.

[43]Koeningsberger and Mosse, 54-57.

[44]Marvin T. Herrick, *Comic Theory,* p. 39.

[45]Curtius, *European Literature,* 94-98.

[46]Balmas, *L'Eugène,* p. 97, parle de cette imitation des pétrarquisants et dit que «la mièvrerie affectée des sentiments de ce temps de sensibilité et de raffinement pastiches est saisie d'une façon magistrale.»

[47]Balmas, *L'Eugène,* 113, 115.

[48]Jodelle connaissait très bien les auteurs classiques, comme en témoigne, par exemple, l'article de H. C. Lancaster, «Jodelle and Ovid» (*Romanic Review,* 6, 1915, 106-107).

[49]«Anglois» est synonyme de créancier. Voir: Balmas, *L'Eugène,* p. 115, et Estienne Pasquier, *Les Recherches de la France,* Livre 7, chap. 27: «De ce que nous appelons nos créanciers Anglois.»

[50]Balmas, *L'Eugène,* p. 116.

[51]Curtius, *European Literature,* p. 433.

[52]Cf. Genèse, 9, 22: la nudité de Noé.

[53]Northrop Frye, *Anatomy,* p. 167.

[54]Northrop Frye, *Anatomy,* p. 178.

[55]Bowen, *Les caractéristiques essentielles,* pp. 103-107.

[56]S. A. Pope, *The Development and Evolution*, p. 58.

[57]Jeffery, *French Renaissance Comedy*, p. 13.

[58]Toldo, *RHLF*, 5, 228, 229.

[59]Marty-Laveaux, *La Pléiade Françoise*, 3, p. XIV.

[60]Chamard, *Histoire*, 2, 18, 19.

[61]Balmas, *L'Eugène, Jodelle, Un Poeta, Oeuvres Complètes.*

[62]Voir: Jean Rousset, *La Littérature de l'âge baroque en France. Circé et le paon.* (Paris: Corti, 1953). Marcel Raymond, *Baroque et Renaissance poétique.* (Paris: Corti, 1955).

BIBLIOGRAPHIE

Ouvrages Consultés.

I. EDITIONS

Les Oeuvres et Meslanges poetiques d'Estienne Jodelle sieur du Lymodin.
Paris: Nicolas Chesneau et Mamert Patisson, 1574. Privilège 24
Septembre 1574. (Bibliothèque de l'Arsenal) *L'Eugène,* ff. 188v.-
222v.

Marty-Laveaux, Charles. *La Pléiade Françoise.* Paris: Lemerre, 1866-1893.
19 vol. *L'Eugène:* vol. 3.

Fournier, Edouard. *Le Théâtre français au XVIe et au XVIIe siècles.* Paris:
Laplace, s.d. (1871). 2 vol. *L'Eugène:* vol. 1.

Viollet-le-Duc, Emmanuel. *Ancien Théâtre François.* Paris: Jannet, 1854-
1857. 10 vol. *L'Eugène:* vol. 4.

Balmas, Enéa. *L'Eugène,* éd. critique. Milano: Cisalpino, 1955.

—. *Oeuvres Complètes d'Etienne Jodelle,* éd. critique. Paris: Gallimard,
1965-1968. 2 vol. *L'Eugène:* vol. 2.

II. OUVRAGES CRITIQUES ET HISTORIQUES

Abensour, L. *La Femme et le Féminisme avant la Révolution.* Paris:
Leroux, 1923.

Atkinson, Geoffroy. *Les Nouveaux horizons de la Renaissance française.*
Paris: Droz, 1935.

Attinger, Gustave. *L'esprit de la Commedia dell'arte dans le théâtre français.* Paris: Librairie Théâtrale, 1950.

Auerbach, Erich. *Mimesis. The Representation of Reality in Western Liter-*

ature. Trad. Willard Trask. Princeton: Princeton University Press, 1953.

Balmas, Enéa. *Un Poeta del Rinascimento Francese: Etienne Jodelle. La sua vita. Il suo tempo.* Firenze: Leo S. Olschki, 1962.

—. *La Renaissance, 1548-1570.* Paris: Arthaud, 1974.

Banachévitch, Nicolas. «Quelle est la première pièce représentée de Jodelle?» *Revue d'histoire littéraire de la France.* 33 (1926) 84-86.

Boughner, Daniel C. *The Braggart in Renaissance Comedy: A Study in Comparative Drama from Aristophanes to Shakespeare.* Minneapolis: University of Minnesota Press, 1954.

Bourciez, Edouard. *Les Moeurs polies et la Littérature de Cour sous Henri II.* Paris: Hachette, 1886.

Bowen, Barbara C. *Les caractéristiques essentielles de la farce française et leur survivance dans les années 1550-1620.* Urbana: University of Illinois Press, 1964.

Buffum, Imbrie. *Studies in the baroque from Montaigne to Rotrou.* New Haven: Yale University Press, 1957.

Burckhardt, Jacob. *The Civilization of the Renaissance in Italy.* Trad. S. G. C. Middlemore. London: Harrap, 1929.

Busson, Henri. *Le Rationalisme dans la littérature française de la Renaissance. (1533-1601).* Paris: Vrin, 1957.

Castor, Grahame. *Pléiade Poetics. A study in sixteenth century thought and terminology.* Cambridge: Cambridge University Press, 1964.

Chamard, Henri. *Joachim du Bellay.* [Lille]: l'Université, 1900.

—. *Les origines de la poésie française de la Renaissance.* Paris: De Boccard, 1932.

—. *Histoire de la Pléiade.* Paris: Didier, 1939-1940, 4 vol.

Chasles, Emile. *La Comédie en France au XVIe siècle.* Paris: Didier, 1862.

Cioranescu. *Bibliographie de la littérature française du seizième siècle.* Paris: Klincksieck, 1959.

Clements, Robert J. *Critical Theory and Practice of the Pléiade.* Cambridge: Harvard University Press, 1942.

—. *The Peregrine Muse, Studies in Comparative Renaissance Literature.* University of North Carolina Studies in the Romance Languages and Literatures, no. 31. Chapel Hill: University of North Carolina Press, 1959.

Cochrane, Charles Norris. *Christianity and Classical Culture. A study of thought and action from Augustus to Augustine.* Oxford: Clarendon Press, 1940.

Cohen, Gustave. *Recueil de farces françaises inédites du XVe siècle.* Cambridge, Mass.: Mediaeval Academy of America, 1949.

—. «Ronsard et le théâtre.» dans *Mélanges offerts à Henri Chamard.* (121-124). Paris: Nizet, 1951.

—. *Etudes d'Histoire du Théâtre en France au Moyen Age et à la Renaissance.* Paris: Gallimard, 3ième éd., 1956.

Cooper, Lane. *An Aristotelian Theory of Comedy with an adaptation of the Poetics and a translation of the Tractatus Coislinianus.* New York: Harcourt, Brace, 1922.

Curtius, Ernst Robert. *European Literature and the Latin Middle Ages.* Trad. Willard Trask. New York: Pantheon Books, 1953.

Dabney, Lancaster E. *French Dramatic Literature in the Reign of Henri IV. A Study of the extant plays composed in French between 1589 and 1610.* Austin: The University Cooperative Society, 1952.

Darmesteter, A. and Hatzfeld, A. *Le seizième siècle en France. Tableau de la littérature et de la langue.* Paris: Delagrave, 2ième éd., 1883.

Davidson, Hugh M. *Audience, Words and Art.* Ohio State University Press, 1965.

Davis, Natalie Zimon. *Society and Culture in Early Modern France. Eight Essays.* Stanford: Stanford University Press, 1975.

Delcourt, Marie. *La tradition des comiques anciens en France avant Molière.* Paris: Droz, 1934.

Demerson, Guy. *La Mythologie classique dans l'oeuvre lyrique de la Pléiade.* Genève: Droz, 1972.

Denieul-Cormier, Anne. *La France de la Renaissance.* Paris: B. Arthaud, 1962.

Desjardins, A. *Les Moralistes français du XVIe. siècle.* Paris: Didier, 1870.

Doutrepont, Georges. *Les types populaires de la littérature française.* Bruxelles: Dewit, 2 vol. 1926-1928.

Dow, Blanche. *The Varying Attitude toward Women in French Literature of the Fifteenth Century: The Opening Years.* New York: Publ. of the Institute of French Studies, 1936.

Dramaturgie et Société. Rapports entre l'oeuvre théâtrale, son interprétation et son public aux XVIe et XVIIe siècles. Etudes réunies et présentées par Jean Jacquot. Paris: Editions du CNRS, 2 vol., 1968.

Du Bellay, Joachim. *Oeuvres Poétiques.* éd. critique par Henri Chamard. Paris: Cornély, 6 vol. 1908-1931.

Duckworth, George E. *The Nature of Roman Comedy. A Study in Popular Entertainment.* Princeton: Princeton University Press, 1952.

Erasme. *Eloge de la Folie.* Trad. Pierre de Nolhac. Paris: J. Terquem, 2 vol., 1927.

Febvre, Lucien. *Le Problème de l'incroyance au seizième siècle. La religion de Rabelais.* Paris: Albin Michel, 1942.

Fêtes de la Renaissance. Etudes réunies et présentées par Jean Jacquot. Paris: Editions du CNRS. 2 vol. 1956.

Forsyth, Elliott. *La tragédie française de Jodelle à Corneille.* Paris: Nizet, 1962.

Fournel, Victor. *Tableau du vieux Paris. Les spectacles populaires et les artistes des rues.* Paris: E. Dentu, 1863.

—. *Le Théâtre au XVIIe siècle*. La Comédie. Paris: Lecène, 1892.

François, Carlo. «Le pitre épique.» *Revue des Sciences Humaines*. 35, no. 139 (Juillet-Septembre 1970) 439-467.

Françon, Marcel. *Leçons et Notes sur la littéature française au XVIe siècle*. Cambridge: Harvard University Press, 3ième éd., 1965.

Frank, Grace. *The Medieval French Drama*. Oxford: Clarendon Press, 1954.

Friedrich, Hugo. *Montaigne*. Trad. Robert Rovini, Paris: Gallimard, 1968.

Frye, Northrop. *Anatomy of Criticism: Four Essays*. Princeton: Princeton University Press, 1957.

Gaiffe, Félix. *Le rire et la scène française*. Paris: Boivin, 1931.

Gamillscheg, Ernst. *Historische französische Syntax*. Tübingen: Niemeyer, 1957.

Graham, Victor E. «Jodelle's «*Eugène* ou *La Rencontre*,» Again.» *Renaissance News*. 14 (1961) 161-164.

Graham, Victor E. and Johnson, W. Mc. Allister. *Estienne Jodelle, le Recueil des Inscriptions, 1558. A Literary and Iconographical Exegesis*. Toronto: University of Toronto Press, 1972.

Haraszti, Jules. «La comédie française de la renaissance et la scène.» *Revue d'histoire littéraire de la France*. 16, (1909) 285-301.

Hauser, H. et Renaudet, A. *Les débuts de l'âge moderne; la Renaissance et la Réforme*. Paris: F. Alcan, 1929.

Héroet, Antoine. *Oeuvres Poétiques*. éd. critique par Ferdinand Gohin. Paris: Cornély, 1909.

Herrick, Marvin T. *Comic Theory in the Sixteenth Century*. Urbana: University of Illinois Press, 1964.

—. *Italian Comedy in the Renaissance*. Urbana: University of Illinois Press, 1966.

Huguet, Edmond. *Dictionnaire de la langue française au seizième siècle.* Paris: Champion (vol. 1, 2) et Didier (vol. 3-7) 1925-1967.

—. *Le langage figuré au seizième siècle.* Paris: Hachette, 1933.

Jeffery, Brian. *French Renaissance Comedy, 1552-1630.* Oxford: Clarendon Press, 1969.

Jung, Marc-René. *Hercule dans la littérature française du XVIe siècle. De l'Hercule courtois à l'Hercule baroque.* Genève: Droz, 1966.

Kaiser, Walter. *Praisers of Folly: Erasmus, Rabelais, Shakespeare.* Cambridge: Harvard University Press, 1963.

Kernodle, George R. *From Art to Theatre. Form and Convention in the Renaissance.* Chicago: University of Chicago Press, 1944.

Kerr, W. A. R. «Antoine Héroet's *Parfaicte Amye.*» *PMLA,* 20, no. 3 (Septembre 1905) 567-583.

Koenigsberger, H. G. and Mosse, G. L. *Europe in the Sixteenth Century.* London: Longmans, 1968.

Kristeller, Paul Oskar. *Renaissance Thought. The Classic, Scholastic and Humanist Strains.* New York: Harper Torchbooks, 1961.

—. *Renaissance Thought II. Papers on Humanism and the Arts.* New York: Harper Torchbooks, 1956.

Lafayette, Madame de. *Romans et Nouvelles.* Ed. Emile Magne. Paris: Classiques Garnier, 1961.

Lancaster, H. C. «Jodelle and Ovid.» *Romanic Review,* 6, (1915) 341-343.

Langer, Susanne K. *Feeling and Form. A Theory of Art.* New York: Charles Scribner's Sons, 1953.

Lanson, Gustave. «Etudes sur les origines de la tragédie classique en France.» *Revue d'histoire littéraire de la France.* 10 (1903) 177-231; 413-416.

Lawrenson, T. E. et Purkis, Helen. «Les éditions illustrées de Térence dans l'histoire du théâtre.» Dans *Le Lieu Théâtral à la Renaissance.*

Etudes réunies et présentées par Jean Jacquot. Paris: Editions du CNRS, 1963, 1-23.

Lawson, J. H. *Theory and Technique of Playwriting.* New York: G. P. Putnam's Sons, 1936.

Lawton, H. W. *Handbook of French Renaissance Dramatic Theory.* Manchester: Manchester University Press, 1949.

Lebègue, Raymond. «Tableau de la comédie française de le Renaissance» *Bibliothèque d'humanisme et renaissance,* 8 (1946) 278-344.

—. «La représentation des tragédies au XVIe siècle.» Dans *Mélanges offerts à Henri Chamard.* Paris: Nizet, 1951, 199-204.

—. *Le Théâtre Comique en France, de Pathelin à Mélite.* Paris: Hatier, 1972.

Lefranc, Abel. *Grands ecrivains français de la Renaissance.* Paris: Champion, 1914.

—. *La vie quotidienne au temps de la Renaissance.* Paris: Hachette, 1938.

Leroux, Philibert Joseph. *Dictionnaire comique, satyrique, burlesque, libre et proverbial.* Lyon, 1735.

L'Estoile, Pierre de. *Mémoires-Journaux.* Paris: Lemerre, 12 vol., 1896.

Lévi-Strauss, Claude. *Les structures élémentaires de la parenté.* Paris: Presses Universitaires de France, 1949.

Lewicka, Halina. *La langue et le style du théâtre comique français des XVe et XVIe siècles.* Paris: Klincksieck, 2 vol., 1960, 1968.

Le Lieu Théâtral à la Renaissance. Etudes réunies et présentées par Jean Jacquot. Paris: Editions du CNRS, 1964.

Lintilhac, Eugène. *La Comédie. Moyen Age et Renaissance. (Histoire générale du théâtre en France,* vol. 2). Paris: Flammarion, s.d. (1905).

Lucas, Hippolyte. *Histoire philosophique et littéraire du théâtre français.*

Paris: Gosselin, 1843.

Mandrou, Robert. *Introduction à la France Moderne, 1500-1640.* Paris: Albin Michel, 1961.

Mauss, Marcel. *Sociologie et Anthropologie.* Paris: Presses Universitaires de France, 1966.

Ménager, D. *Introduction à la vie littéraire au XVIe siècle.* Paris: Bordas-Mouton, 1968.

Merrill, Robert Valentine, with Clements, Robert J. *Platonism in French Renasisance Poetry.* New York: New York University Press, 1957.

Mignon, Maurice. *Etudes sur le théâtre français et italien de la Renaissance.* Paris: Champion, 1923.

Mourgues, Odette de. *Metaphysical, Baroque and Précieux Poetry.* Oxford: Clarendon Press, 1953.

O'Connor, Dorothy. *Louise Labé, sa vie et son oeuvre.* Paris: Les Presses Françaises, 1926.

Olson, Elder. *The Theory of Comedy.* Bloomington: University of Indiana Press, 1968.

Owen, J. *The Skeptics of the French Renaissance.* New York: Macmillan, 1893.

Paris, Jean. *Rabelais au futur.* Paris: Editions du Seuil, 1970.

Pasquier, Estienne. *Oeuvres Complètes.* Amsterdam: Au Depens de la Compagnie des Libraires Associez, 2 vol., 1723. (Slatkine Reprints, Genève, 1971).

Pater, Walter. *The Renaissance, Studies in Art and Poetry.* London: MacMillan, 2 ième éd. 1877.

Payen, Jean Charles. *Les Origines de la Renaissance.* Paris: Société d'Edition d'Enseignement Supérieur, 1969.

Peirce, Walter Thompson. «The Bourgeois from Molière to Beaumarchais. The Study of a Dramatic Type.» Diss. Johns Hopkins University,

1906.

Petit de Julleville, Louis. *Les comédiens en France au Moyen Age.* Paris: L. Cerf, 1885.

—. *La comédie et les moeurs en France au Moyen Age.* Paris: L. Cerf, 1886.

Petrarca, Francesco. *Canzoniere, Trionfi, Rime Varie e una scelta di versi latini.* ed. Carlo Muscetta e Daniele Ponchiroli. Torino: Giuliu Einaudi, 1958.

Pope, Shirley Ann. «The Development and Evolution of Secondary Characters as Manipulators of Dramatic Action in French Comedy (1552-1610).» Diss. University of Illinois at Urbana-Champaign, 1971.

Porter, Lambert C. *La Fatrasie et le Fatras. Essai sur la poésie irrationnelle en France au Moyen Age.* Genève: Droz, 1960.

Potez, Henri. «Deux années de la Renaissance (d'après une correspondance inédite).» *Revue d'Histoire Littéraire de la France.* 13 (1906) 458-498.

Rabelais. *Oeuvres Complètes.* Ed. Pierre Jourda. Paris: Classiques Garnier, 2 vol. 1961.

Raymond, Marcel. *Baroque et renaissance poétique.* Paris: Corti, 1955.

Renaudet, Augustin. *Humanisme et Renaissance.* Genève: Droz, 1958.

Richardson, Lula McDowell. «The Forerunners of Feminism in French Literature of the Renaissance.» *The Johns Hopkins Studies in Romance Literatures and Languages,* 12 (1929).

Rigal, Eugène. «Les personnages conventionnels de la comédie au XVIe siècle.» *Revue d'Histoire Littéraire de la France.* 4 (1897) 161-179.

—. *Le Théâtre français avant la période classique (fin du XVIe et commencement du XVIIe siècles).* Paris: Hachette, 1901.

—. *De Jodelle à Molière.* Paris: Hachette, 1911.

Roaten, Darnell. *Structural Forms in the French Theatre.* Philadelphia:

University of Pennsylvania Press, 1960.

Robertson, D. W., Jr. *A Preface to Chaucer. Studies in Medieval Perspectives.* Princeton: Princeton University Press, 1962.

Rousset, Jean. *La littérature de l'âge baroque en France. Circé et le paon.* Paris: Corti, 1953.

Sanesi, Ireneo. *La Commedia.* Milano: F. Vallardi, 2 vol., 1935.

Saulnier, V. L. «L'Entrée de Henri II à Paris et la révolution poétique de 1550.» Dans *Les Fêtes de la Renaissance.* Etudes réunies et présentées par Jean Jacquot. Paris: Editions du CNRS, 2 vol., 1956, 1, 31-59.

—. *La littérature française de la Renaissance.* Paris: Presses Universitaires de France, 1967.

Schmidt, Albert-Marie. *La poésie scientifique en France au XVIe siècle.* Paris: Albin Michel, 1938.

—. *Etudes sur le XVIe siècle.* Paris: Albin Michel, 1967.

Schutz, A. H. *Vernacular Books in Parisian Private Libraries of the Sixteenth Century, according to the notarial inventories.* University of North Carolina Studies in the Romance Languages and Literatures, no. 25. Chapel Hill: University of North Carolina Press, 1955.

Seznec, Jean. *La survivance des dieux antiques. Essai sur le rôle de la tradition mythologique dans l'humanisme et dans l'art de la Renaissance.* London: Warburg Institute, 1940.

Spector, Norman B. «The Procuress and Religious Hypocrisy.» *Italica,* vol. 33 (Mars 1956) pp. 52-59.

—. *Les Contens* par Odet de Turnèbe, éd. critique. Paris: Didier, 2ième éd., 1964.

—. «Odet de Turnèbe's *Les Contens* and the Italian Comedy,» *French Studies,* 13 (1959), 304-313.

Stechow, Wolfgang. *Bruegel.* New York: Harry N. Abrams Inc., 1969.

Toldo, Pietro. «La Comédie française de la Renaissance.» *Revue d'Histoire littéraire de la France.* 4 (1897) 366-392; 5 (1898) 220-264, 554-603; 6 (1899) 571-608; 7 (1900) 263-283.

—. «Le courtisan dans la littérature française et ses rapports avec l'oeuvre du Castiglione.» *Archiv für das Studium der Neueren Sprachen und Literaturen.* 104 (1900) 75-121; 105 (1900) 60-85.

—. «Etudes sur la poésie burlesque française de la Renaissance.» *Zeitschrift für Romanische Philologie.* 25 (1901) 57-93, 215-229, 257-277, 385-410, 513-532.

—. «Etudes sur le théâtre comique français du moyen âge et sur le rôle de la nouvelle dans les farces et dans les comédies.» *Studi di Filologia Romanza.*, 9, fasc. 25 (1902) 181-369.

Trousson, Raymond. *Le thème de Prométhée dans la littérature européene.* Genève: Droz, 2 vol., 1964.

Vianey, Joseph. *Le Pétrarquisme en France au seizième siècle.* Montpellier: Coulet, 1909.

Villon, François. *Oeuvres.* éd. critique par Louis Thuasne. Paris: Picard, 3 vol., 1923.

Voltz, Pierre. *La Comédie.* New York: McGraw-Hill, 1964.

Warnke, Frank. *Versions of Baroque.* New Haven: Yale University Press, 1972.

Weinberg, Bernard. *Critical Prefaces of the French Renaissance.* Evanston: Northwestern University Press, 1950.

Whitehead, F. *La Chastelaine de Vergi,* éd. critique. Manchester: Manchester University Press, 1944.

Wiley, William L. *The Gentleman of Renaissance France.* Cambridge: Harvard University Press, 1954.

Yates, Frances. *The French Academies of the Sixteenth Century.* London: Warburg Institute, 1947.

—. *Theatre of the World.* Chicago: University of Chicago Press, 1969.

Zanta, Léontine.   *La Renaissance du Stoïcisme au XVIe siècle.*   Paris: Champion, 1914.